W0178201

Anne Wegner · Lesley-Anne Weiling

Business English

Sicher und souverän bei E-Mails, Telefonaten, Meetings & Co.

STARK

ISBN 978-3-8490-1452-0

© 2017 Stark Verlag GmbH

www.berufundkarriere.de
1. Auflage 2016

Inhalt

Einleitung

Wenn Sie aufgrund Ihrer mangelnden Englischkenntnisse Angst vor der Internationalisierung Ihres Unternehmens haben oder sich einfach nicht trauen, in beruflichen Situationen Englisch zu sprechen, ist dieses Buch genau das Richtige für Sie. Es ist so konzipiert, dass Sie schnell einfache Sätze für viele berufliche Alltagssituationen finden können – egal ob beim Telefonieren, in Besprechungen oder während des Small Talks beim Geschäftsessen. Auch auf das Verfassen geschäftlicher E-Mails gehen wir ein. Für diese und viele weitere Bereiche finden Sie zahlreiche allgemein einsetzbare Sätze, die teilweise in beispielhaften Dialogen verwendet werden.

Des Weiteren werden Vokabeln zu den jeweiligen Themen aufgelistet und Ihnen interkulturelle Tipps mit auf den Weg gegeben, die Ihr Berufsleben in der fremden Sprache erleichtern sollen. Auf Unterschiede zwischen britischem (Br) und amerikanischem (Am) Sprachgebrauch weisen wir an den jeweiligen Stellen hin. Insgesamt sind die englischen Teile des Buches in britischem Englisch verfasst.

Für jeden Satz gibt es eine entsprechende deutsche Übersetzung, die allerdings nicht immer wörtlich ist – je nach Sprachgebrauch im Deutschen. Wir haben die Sätze so gewählt, dass sie leicht verständliche Vokabeln beinhalten, aber dennoch dem natürlichen Sprachgebrauch entsprechen. In der heutigen globalisierten Geschäftswelt ist es wichtig, dass Ihr Englisch nicht nur von Amerikanern oder Briten, sondern auch von Sprechern einer anderen Muttersprache verstanden wird. Englisch hat sich fast überall als *die* internationale Kommunikationssprache herauskristallisiert – wenn Sie Ihre Kenntnisse für den Beruf ausbauen, profitieren Sie davon auch privat.

Auf die Aussprache wird im Rahmen dieses Buches nicht eingegangen. Hierfür empfehlen wir die zahlreichen Onlinewörterbücher, auf die man zurückgreifen kann, um die korrekte Aussprache sowohl des britischen als auch des amerikanischen Englisch zu finden. Links hierzu sowie zu weiteren interessanten Webseiten haben wir im Literaturverzeichnis des Buches unter dem Titel „Links zum Thema" zusammengefasst.

Legen Sie das Buch griffbereit in Ihre Nähe und schauen Sie ab und zu hinein, beispielsweise bevor Sie sich mit internationalen Kollegen[*] treffen oder eine Dienstreise ins Ausland organisieren. Nutzen Sie die sprachlichen „Werkzeuge" dieses Buches, um Ihre Scheu vor der englischen Sprache abzulegen. Sie werden schnell merken, wie schnell Sie Fortschritte machen und welche Möglichkeiten sich dadurch in Ihrem Leben eröffnen.

---

[*] *Der Lesbarkeit wegen haben wir im Text zum Teil nur die männliche und zum Teil nur die weibliche Sprachform verwendet. Die Sprachform schließt immer auch das jeweils andere Geschlecht mit ein.*

Kontakt aufnehmen

Am Telefon

Verständlicherweise finden es viele Leute schwierig, auf Englisch zu telefonieren. Die Körpersprache kann nicht gedeutet werden, die Verbindung ist schlecht und Sie sind mit verschiedenen Akzenten konfrontiert – all diese Faktoren vereint machen das Telefonieren auf Englisch zu einer schwierigen Sprech- und Höraufgabe. Sie nutzen vielleicht Tools wie Skype, FaceTime, evtl. auch eine Konferenzschaltung. Insbesondere Telefonkonferenzen können heikel sein und müssen vorbereitet werden. Auf den folgenden Seiten finden Sie die am häufigsten verwendeten Sätze beim Telefonieren auf Englisch.

> **UNSER TIPP**
>
> *Wenn Sie einen Anruf tätigen, bereiten Sie sich gründlich vor. Schlagen Sie das Vokabular nach, das Sie vermutlich brauchen werden. Stellen Sie sicher, dass Sie genau wissen, worüber Sie sprechen werden.*

Einen Anruf tätigen

Um sich bei Geschäftsanrufen auf einfache und standardmäßige Weise vorzustellen, können Sie z. B. Folgendes sagen:

Hello, it's … from … here. Could I speak to … please?

(Guten Tag, hier spricht … von … Könnte ich bitte mit … sprechen?)

Oder wenn Sie direkt mit der Person verbunden sind, mit der Sie sprechen möchten:

Hi …, it's … calling from … (Hallo …, hier ist … von …)

Im folgenden Beispiel versucht Mary, jemanden in der Buchhaltung telefonisch zu erreichen.

BEISPIEL

Mary: ***Hello, this is Mary Johnstone calling from Canna Ltd. I'd like to speak to someone in your accounts department please.***
(Guten Tag, hier spricht Mary Johnstone von Canna Ltd. Ich möchte bitte mit jemandem aus Ihrer Buchhaltungsabteilung sprechen.)

ODER

Mary: ***Hi it's Mary from Canna here – can I speak to Roger in accounts please?***
(Guten Tag, hier spricht Mary von Canna – könnte ich bitte mit Roger aus der Buchhaltung sprechen?)

Sie werden auch oft Folgendes hören und damit selbst sehr schnell und direkt zu Ihrem gewünschten Gesprächspartner gelangen:

Hi, I'd like to speak to Roger in accounts please.
(Hallo, ich möchte bitte mit Roger aus der Buchhaltung sprechen.)

Die Person, die den Anruf entgegennimmt, wird Sie dann nach Ihrem Namen und Firmennamen fragen. Gelegentlich wird sie auch nach dem Grund Ihres Anrufs fragen.

BEISPIEL

Mary:	***Hi, I'd like to speak to Roger in accounts please.***
	(Hallo, ich möchte bitte mit Roger aus der Buchhaltung sprechen.)
Unternehmen:	***May I ask who's calling please?***
	(Mit wem spreche ich bitte?)
Mary:	***Yes, it's Mary from Canna.***
	(Hier spricht Mary von Canna.)
Unternehmen:	***And may I ask why you're calling?***
	(Und darf ich fragen, worum es geht?)
Mary:	***I'm calling about an invoice you sent us.***
	(Es geht um eine Rechnung, die Sie uns geschickt haben.)

Weitere Sätze und Beschreibungen vieler Unternehmensarten und -abteilungen finden Sie im Unterkapitel „Über Ihre Arbeit und Firma" des nächsten Kapitels.

Ein typischer Austausch am Telefon zwischen Personen, die sich noch nie zuvor gesehen haben, kann folgendermaßen aussehen:

BEISPIEL

Anrufer:	***Hello / Good morning / Good afternoon. This is Roberto Violetti from HeRW Inc. Could I speak to Mary Johnstone please?*** *(Hallo / Guten Morgen / Guten Tag. Hier spricht Roberto Violetti von HeRW Inc. Könnte ich bitte mit Mary Johnstone sprechen?)*
Empfänger:	***Speaking.*** *(Am Apparat.)*

Sie sollten Ihren eigenen Namen auf jeden Fall langsam aussprechen. Ausländische Namen sind am Telefon besonders schwierig zu verstehen.

Sie können sich natürlich weniger formell ausdrücken, wenn Sie mit jemandem sprechen, den Sie schon einmal gesehen haben oder mit dem Sie regelmäßig zusammenarbeiten. Hier ein Beispiel eines eher lockeren Gesprächs zwischen zwei Geschäftsleuten:

Sie haben sich verwählt

In diesem Fall können Sie sich mit folgenden Sätzen entschuldigen:

- **Sorry – wrong number!**
  (Entschuldigung – verwählt!)
- **I'm sorry – I've dialled the wrong number.**
  (Entschuldigen Sie bitte – ich habe mich verwählt.)

Einen Anruf entgegennehmen

Gewöhnlich läuft ein Gespräch wie im Folgenden ab, wenn Sie einen Anruf entgegennehmen.

BEISPIEL

Empfänger: *Hello / Good morning / afternoon, Canna Ltd, Mary Johnstone speaking, how can I help you?*
(Hallo / Guten Morgen / Tag, Canna Ltd, Mary Johnstone am Telefon, was kann ich für Sie tun?)

Anrufer: *Hello, can I speak to George Fox please?*
(Guten Tag, kann ich bitte mit George Fox sprechen?)

Empfänger: *Yes of course. May I ask who's calling?*
(Ja, natürlich. Mit wem spreche ich?)

Anrufer: *It's Oliver Brown from Smartcom in England.*
(Hier spricht Oliver Brown von Smartcom in England.)

Empfänger: *Okay – hold on a moment. I'll just put you through.*
(Okay – einen Moment bitte. Ich stelle Sie durch.)

Im geschäftlichen Kontext antworten Sie am Telefon üblicherweise mit dem Namen Ihres Unternehmens, gefolgt von Ihrem eigenen Namen. Sie können dabei Ihren vollständigen Namen oder nur Ihren Vornamen angeben:

- ***Canna Ltd, Mary Johnstone speaking, how can I help you?***
  (Canna Ltd, Mary Johnstone am Telefon, was kann ich für Sie tun?) oder
- ***Canna Ltd, Mary speaking.***
  (Canna Ltd, Mary am Apparat.)

Den Anrufer bitten, zu warten

- ***Hold the line please.***
  (Bleiben Sie bitte am Apparat.)
- ***Could you hold on please?***
  (Könnten Sie bitte einen Moment warten?)
- ***Just a moment please.***
  (Einen Moment bitte.)

In bestimmten Fällen kann es auch vorkommen, z.B. wenn Sie als Sekretärin oder Sekretär arbeiten, dass Sie Anrufe weiterleiten müssen. In diesem Fall finden Sie im Folgenden nützliche Sätze, die Sie verwenden können, wenn Sie den Anrufer verbinden, die Leitung besetzt ist oder Sie eine Nachricht entgegennehmen, da die gewünschte Person nicht verfügbar ist.

Verbinden

Möchten Sie einen Anruf weiterleiten, können Sie Folgendes sagen:

- ***Thank you for holding.***
  (Vielen Dank für Ihre Geduld.)
- ***The line's free now ... I'll put you through.***
  (Die Leitung ist jetzt frei ... Ich stelle Sie durch.)
- ***I'll connect you now. / I'm connecting you now.***
  (Ich werde Sie jetzt verbinden. / Ich verbinde Sie jetzt.)

Die Leitung ist besetzt

Wenn der Angerufene bereits telefoniert, sagen Sie, die Leitung ist *engaged* (besetzt). Alternativ kann man auch sagen:

- *The line's busy. Would you like to hold?*
  (Die Leitung ist besetzt. Möchten Sie warten?)
- *I'm afraid the line's engaged. Could you call back later?*
  (Die Leitung ist leider besetzt. Könnten Sie später noch einmal anrufen?)

Die gewünschte Person ist nicht verfügbar

Im Folgenden finden Sie mögliche Sätze, die verwendet werden, um den Anrufer darüber in Kenntnis zu setzen, dass die Person, mit der er sprechen möchte, nicht verfügbar ist:

- *I'm sorry, Roberto's not here at the moment. May I ask who's calling?*
  (Es tut mir leid, Roberto ist gerade nicht hier. Mit wem spreche ich?)
- *She's/He's busy right now. Can you call again later?*
  (Sie/Er ist gerade beschäftigt. Können Sie später noch einmal anrufen?)
- *Sorry he/she's not at his/her desk right now. I'll let him/her know you called.*
  (Es tut mir leid, er/sie ist gerade nicht an seinem/ihrem Arbeitsplatz. Ich gebe ihm/ihr Bescheid, dass Sie angerufen haben.)
- *She's/He's in a meeting at the moment. Can I ask her/him to call you back?*
  (Sie/Er ist gerade in einer Besprechung. Kann sie/er Sie zurückrufen?)

Eine Nachricht für jemanden entgegennehmen

Wenn der gewünschte Gesprächspartner nicht verfügbar ist, können Sie den Anrufer auch fragen, ob Sie eine Nachricht entgegennehmen sollen.

- *She's / He's at lunch right now. Can I take a message?*
  (Sie / Er macht gerade Mittagspause. Kann ich eine Nachricht entgegennehmen?)
- *I'm afraid she's / he's stepped out. Would you like to leave a message?*
  (Sie / Er ist leider gerade außer Haus. Möchten Sie eine Nachricht hinterlassen?)

Hinweis: *I'm afraid* bedeutet im Englischen nicht, dass Sie Angst haben – es ist einfach eine andere Art und Weise, sich zu entschuldigen.

Wenn Sie eine Nachricht für jemanden notieren, können folgende Sätze hilfreich sein:

- *Could you give me your name please?*
  (Könnten Sie mir bitte Ihren Namen sagen?)
- *Can you give me your company name please?*
  (Könnten Sie mir bitte den Namen Ihres Unternehmens sagen?)
- *Can I ask why you called?*
  (Könnten Sie mir den Grund Ihres Anrufs sagen?)
- *Could you spell that please?*
  (Könnten Sie das bitte buchstabieren?)
- *What's your number please?*
  (Wie lautet Ihre Nummer, bitte?)

Hinweis: Für den Fall, dass Sie selbst einmal nicht telefonisch erreichbar sind, ist es hilfreich, ein freundliches **Grußwort** auf Englisch auf Ihrem **Anrufbeantworter** oder der **Mailbox** Ihres Handys zu hinterlassen:

You have reached the voicemail of … Sorry I'm unable to take your call at present. Please leave a message and I'll call you back as soon as possible. (Alternatively you can reach me on my mobile 0777 212545.)

(Hier ist die Mailbox von … Ich kann Ihren Anruf derzeit leider nicht entgegennehmen. Bitte hinterlassen Sie eine Nachricht, und ich werde Sie so schnell wie möglich zurückrufen. (Oder rufen Sie mich auf meinem Handy unter 0777 212545 an.))

Der Anrufer hat sich verwählt

Sollten Sie merken, dass sich der Anrufer verwählt hat, können Sie Folgendes sagen:

- *Sorry. I think you've dialled the wrong number.*
  (Ich glaube, Sie haben sich verwählt.)
- *I'm afraid you've got the wrong number.*
  (Sie haben leider eine falsche Nummer.)
- *I'm sorry. There's nobody here by that name.*
  (Tut mir leid. Hier gibt es niemanden, der so heißt.)

- ***I'm afraid we don't have a Mr. / Mrs. / Ms / Miss ...***
  (Wir haben leider keine / -n Herrn / Frau ... hier.)

Die gewünschte Person ist nicht erreichbar

Wenn umgekehrt die Person, mit der Sie sprechen wollen, nicht erreichbar ist, werden Sie oft gefragt, ob Sie eine Nachricht hinterlassen wollen:

- ***Can I take a message?***
  (Kann ich etwas ausrichten?) oder
- ***Would you like to leave a message?***
  (Möchten Sie eine Nachricht hinterlassen?)

Wenn Sie keine Nachricht hinterlassen möchten, können Sie einfach sagen ***"No, that's okay, I'll call back later."*** (Nein, ist in Ordnung, ich rufe später noch einmal an).

Um auf die Frage ***"Would you like to leave a message?"*** (Möchten Sie eine Nachricht hinterlassen?) zu antworten, können Sie einen der folgenden Sätze wählen:

- ***Yes, can you tell him Roberto Violetti from HeRW called? He can call me back on my mobile.***
  (Ja, können Sie ihm sagen, dass Roberto Violetti von HeRW angerufen hat? Er kann mich auf meinem Handy zurückrufen.)
- ***Yes, it's Mary from Canna Ltd here. When do you expect him back in the office?***
  (Ja, ich bin Mary von Canna Ltd. Wann glauben Sie, ist er wieder im Büro?)
- ***Yes thanks, could you ask him to call Roberto when he gets in?***
  (Ja, danke, könnten Sie ihm bitte ausrichten, dass er Roberto zurückrufen soll, wenn er zurückkommt?)

- *Thanks. It's John Owens and my number is 00 44 7383 299, extension 12.*

  (Danke. Mein Name ist John Owens und meine Nummer ist 00 44 7383 299, Durchwahl 12.)
- *Thanks, could you ask him to call me back when he gets in? It's Roberto from HeRW – he has my number.*

  (Danke, könnten Sie ihm bitte ausrichten, dass er mich zurückrufen soll, wenn er wiederkommt? Ich bin Roberto von HeRW – er hat meine Nummer.)

UNSER TIPP

*Im britischen Englisch ist ein Handy ein **mobile phone** und im amerikanischen Englisch ein **cell phone**. Oder man sagt einfach **cell** wie in folgendem Beispielsatz: "Please call me on my cell." (Bitte rufen Sie mich auf meinem Handy an).*

Sollten Sie nicht explizit gefragt werden, ob Sie eine Nachricht hinterlassen wollen, können Sie Folgendes fragen:

- *Can I leave a message?*

  (Kann ich eine Nachricht hinterlassen?)
- *Could you give him / her a message?*

  (Könnten Sie ihm / ihr etwas ausrichten?)
- *Could you ask him / her to call me back?*

  (Könnten Sie ihm / ihr ausrichten, dass er / sie mich zurückrufen soll?)
- *Could you tell him / her that I called?*

  (Könnten Sie ihm / ihr ausrichten, dass ich angerufen habe?)

Ein Gespräch könnte also wie folgt lauten, wenn die gewünschte Person telefonisch nicht erreichbar ist, Sie aber eine Nachricht hinterlassen möchten.

BEISPIEL

Anrufer: *Hello, can I speak to Henry Smith please?*
(Guten Tag, kann ich bitte mit Henry Smith sprechen?)

Empfänger: *I'm sorry Henry's not at his desk right now. Can I take a message?*
(Tut mir leid, Henry ist gerade nicht an seinem Arbeitsplatz. Kann ich ihm etwas ausrichten?)

Anrufer: *Yes, can you ask him to call me back please? It's Roberto Violetti from HeRW Inc.*
(Ja, können Sie ihm bitte ausrichten, dass er mich zurückrufen soll? Hier spricht Roberto Violetti von HeRW Inc.)

Empfänger: *Of course. Can I take your number?*
(Natürlich. Können Sie mir bitte Ihre Nummer geben?)

Anrufer: *Yes it's 0039 1282 392.*
(Ja, das ist die 0039 1282 392.)

Empfänger: *Okay, thanks. I'll pass the message on to him.*
(Okay, danke. Ich werde ihm die Nachricht übergeben.)

Anrufer: *Thanks a lot. Bye.*
(Vielen Dank. Auf Wiederhören.)

Empfänger: *You're welcome. Bye.*
(Gern geschehen. Auf Wiederhören.)

Wenn Sie zum Empfang oder zur Telefonzentrale gelangen und der Anrufer, mit dem Sie sprechen möchten, beschäftigt ist, könnte der Dialog wie folgt lauten:

BEISPIEL

Unternehmen: **Good morning, (Company name). How can I help you?**
(Guten Morgen, (Name des Unternehmens). Was kann ich für Sie tun?)

Anrufer: **Can I speak to John Adams please?**
(Kann ich bitte mit John Adams sprechen?)

Unternehmen: **I'll just put you through ... Sorry his line is engaged at the moment. Would you like to hold?**
(Ich stelle Sie durch ... Tut mir leid, seine Leitung ist derzeit besetzt. Möchten Sie warten?)

Anrufer: **Yes please.**
(Ja bitte.)

UNSER TIPP

Hang on a minute ... *(Einen Augenblick bitte ...)*

Wenn Sie mit einem Empfangsmitarbeiter, einer Sekretärin oder einem Telefonisten sprechen, werden Sie vielleicht Folgendes hören: **"Hang on I'll put you through."** *(Bleiben Sie in der Leitung, ich stelle Sie durch.) D. h., Ihr Anruf wird durchgestellt.* **Hang on** *bedeutet das Gleiche wie* **hold on** *(einen Moment bitte). Verwechseln Sie beides nicht mit* **hang up**. **Hang up** *bedeutet den Anruf durch Unterbrechung der Verbindung zu beenden – mit anderen Worten: den Hörer auflegen.*

Ein Gespräch beenden

- *Thanks for calling. Bye for now!*
  (Vielen Dank für Ihren Anruf. Bis dann.)
- *Okay – I'd better go. Thanks for the call. Talk to you soon.*
  (Okay – Ich muss jetzt los. Vielen Dank für den Anruf.
  Wir sprechen uns bald wieder.)
- *I'll have to let you go now.*
  (Ich muss jetzt leider auflegen.)
- *I've another call coming through. I'd better go.*
  (Ich habe einen Anruf auf der anderen Leitung.
  Ich muss jetzt auflegen.)
- *I'll talk to you again soon. Bye.*
  (Wir hören uns bald wieder. Auf Wiederhören.)

Verständigungsprobleme

Was passiert, wenn Sie die Person am anderen Ende der Leitung nicht verstehen und um Klärung bitten müssen? Verwenden Sie die folgenden Sätze, um den Sprecher darum zu bitten, sich zu wiederholen oder langsamer zu sprechen. Weitere nützliche Sätze finden Sie im Unterkapitel „Typische Probleme" auf S. 178.

- *Could you repeat that please?*
  (Könnten Sie das bitte wiederholen?)
- *Would you mind spelling that for me?*
  (Könnten Sie das bitte buchstabieren?)
- *Can you speak a little slower please? I don't speak much English.*
  (Könnten Sie bitte etwas langsamer sprechen. Mein
  Englisch ist nicht sehr gut.)
- *I'm sorry, I don't understand the word … What does it mean?*
  (Es tut mir leid, ich verstehe das Wort … nicht.
  Was bedeutet das?)
- *Could you speak up a little please?*
  (Könnten Sie bitte etwas lauter sprechen?)

- **Can you call me back? I think we've a bad connection.**
  (Können Sie mich bitte zurückrufen? Ich glaube, die Verbindung ist schlecht.)
- **The line is very bad. Could you speak up please?**
  (Die Verbindung ist sehr schlecht. Könnten Sie bitte lauter sprechen?)
- **I'm afraid I can't hear you.**
  (Ich kann Sie leider nicht hören.)
- **Sorry. I didn't catch that. Could you say it again please?**
  (Entschuldigung. Das habe ich nicht ganz verstanden. Könnten Sie es bitte wiederholen?)

Denken Sie daran, dass es wichtig und üblich ist, Personen darum zu bitten, sich zu wiederholen oder langsamer zu sprechen, wenn Sie nicht verstanden haben, was der Anrufer gesagt hat. Es ist auch hilfreich, die Informationen gegenüber dem Anrufer zu wiederholen, um sicherzustellen, dass Sie wirklich verstanden haben, was gesagt wurde:

- **Let me repeat that just to make sure ...**
  (Lassen Sie mich das noch einmal wiederholen, nur um sicherzugehen ...)
- **Did you say 124 Regent Street?**
  (Sagten Sie 124 Regent Street?)
- **You said your name is Roberto Violetti?**
  (Sagten Sie, Ihr Name sei Roberto Violetti?)

Besonderheiten bei Anrufen mit dem Handy

Informationen und Auskünfte geben

- *My extension is …*
  (Meine Durchwahl ist …)
- *My direct line is …*
  (Meine Durchwahlnummer ist …)
- *My mobile number is …*
  (Meine Handynummer ist …)
- *The country code for … is …*
  (Die Ländervorwahl für … ist …)
- *The area code for Cologne is …*
  (Die Vorwahl für Köln ist …)
- *I'll send you a text.*
  (Ich werde Ihnen eine SMS schicken.)
- *I saw that you called …*
  (Ich habe gesehen, dass Sie angerufen haben …)
- *I'll send you a text message with the address.*
  (Ich werde Ihnen eine SMS mit der Adresse schicken.)
- *I'm calling from Berlin / Paris / New York / Sydney …*
  (Ich rufe aus Berlin / Paris / New York / Sydney … an.)
- *I'm calling on behalf of Mr …*
  (Ich rufe im Auftrag von Herrn … an.)
- *I'm trying to get hold of …*
  (Ich versuche, … zu erreichen.)

Probleme anzeigen

- *Sorry, it's very bad reception here … I can't hear you …*
  (Entschuldigung, der Empfang ist sehr schlecht hier …
  Ich kann Sie nicht hören …)
- *Do you have a phone charger I can borrow?*
  (Könnte ich ein Ladegerät von Ihnen ausleihen?)
- *I can't talk long, my battery is running low.*
  (Ich kann nicht lange sprechen, mein Akku ist fast leer.)

Ein Wort zur Höflichkeit

Wenn Sie jemanden in einem geschäftlichen Kontext anrufen, ist es wichtig, Höflichkeit durch die Verwendung von Wörtern wie *would, could, please, thank you* an den Tag zu legen. Das ist etwas formeller, gilt jedoch als professionell und respektvoll.

Zum Beispiel:

- *Could I speak to Jason Roberts please?*
  (Könnte ich bitte mit Jason Roberts sprechen?)
- *Would next Tuesday be okay?*
  (Ginge nächsten Dienstag?)

Es ist aber auch in Ordnung, etwas umgangssprachlicheres Englisch zu verwenden:

- *No problem.*
  (Kein Problem.)
- *Bye!*
  (Tschüss!)
- *Hang on a moment , I'll put you through.*
  (Einen Augenblick bitte, ich stelle Sie durch.)
- *Okay, bye.*
  (Okay, tschüss.)
- *Thanks a lot.*
  (Dankeschön.)

Ganz gleich, welchen Grad an Formalität Sie wählen: Sie sollten sicherstellen, dass Ihr Gespräch insgesamt höflich und respektvoll verläuft.

Telefonkonferenzen

Die Telefonkonferenz oder Videokonferenz gehört zum internationalen Geschäft dazu und bringt ihre eigenen speziellen Herausforderungen – auch für Muttersprachler – mit sich. Sie sollten verstehen, was Ihre Gesprächspartner sagen, und Ihren eigenen Standpunkt vermitteln können. Es könnte sein, dass eine langsame Internetverbindung das Gespräch etwas holprig werden lässt. Wie können Sie Ihren Standpunkt klarmachen oder jemanden davon abhalten, Sie zu unterbrechen?

Zu **Beginn** der Telefonkonferenz können Sie mit den folgenden Sätzen rechnen, bevor das Telefonat richtig beginnt:

- *Okay – everyone – are we all on?*
  (Okay – sind alle da?) – zum Prüfen, ob sich jeder in das Gespräch eingeschaltet hat
- *Can everybody hear me?*
  (Kann mich jeder hören?)
- *Is ... here?*
  (Ist ... hier?)
- *We'll just wait a few minutes.*
  (Warten wir noch ein paar Minuten.)
- *Did everybody get the agenda?*
  (Hat jeder die Tagesordnung bekommen?)
- *Sorry I'm / we're late.*
  (Entschuldigen Sie meine/unsere Verspätung.)

Eine Telefonkonferenz könnte wie im folgenden Beispiel beginnen.

Leiter der Telefonkonferenz (John):	**Good afternoon. Are we all on? Can you all hear me? I'd like to thank everyone for joining our call today. Did everyone get a copy of the agenda?** *(Guten Tag. Sind alle da? Können mich alle hören? Vielen Dank an alle, die an unserer heutigen Telefonkonferenz teilnehmen. Hat jeder eine Kopie der Tagesordnung erhalten?)*
Anrufer 1 (Tina):	**Hi everyone, it's Tina here – yes. Thank you John, I've got today's agenda in front of me.** *(Hallo alle zusammen, Tina hier – ja. Danke John, die heutige Tagesordnung habe ich vor mir liegen.)*
Anrufer 2 (Andreas):	**Hi, it's Andreas here. Yes, I've got the agenda.** *(Hi, Andreas hier – ja, ich habe die Tagesordnung.)*
Anrufer 3 (Sarah):	**Hello everyone, it's Sarah – yes – I've got the agenda too.** *(Hallo alle zusammen, Sarah hier – ja – ich habe die Tagesordnung ebenfalls.)*
John:	**Okay, great. Let's start by going over next quarter's sales forecast and then we can move on to the marketing update. Sarah – how is the forecast looking?** *(Okay, super. Beginnen wir zunächst mit der Besprechung der Umsatzprognose des nächsten Quartals und gehen anschließend zu dem Marketing-Update über. Sarah – wie sieht die Prognose aus?)*

Sarah:	**The figures for next quarter look good. We're forecasting a revenue of seventy-five thousand euros. That's a thirteen percent increase on this time last year …**
	(Die Zahlen für das nächste Quartal sehen gut aus. Wir prognostizieren Einnahmen in Höhe von 75.000 Euro. Im Vorjahresvergleich ist das ein Anstieg von 13 % …)
Tina:	**Sorry to interrupt you Sarah, I think there's some background noise. Would you mind repeating that …?**
	(Entschuldigung, dass ich Sie unterbreche, Sarah. Ich höre Hintergrundgeräusche. Könnten Sie das bitte wiederholen …?)

UNSER TIPP

Lassen Sie das Telefonat protokollieren oder aufzeichnen, damit Sie prüfen können, ob Sie alles mitbekommen haben, was in der Konferenz besprochen wurde.

Bei einer Telefon- oder Videokonferenz gilt dasselbe wie bei einem traditionellen Telefonat: Wenn ein **Verständigungsproblem** auftritt, sagen Sie es. Bitten Sie den Leiter höflich, langsamer und deutlicher zu sprechen. Wenn Hintergrundgeräusche stören, bitten Sie darum, dass die Störung beseitigt wird, bevor das Telefonat fortgesetzt wird.

Um Klärung bitten

Stellen Sie Fragen, um zu überprüfen, ob Sie alles verstanden haben: *... speaking. Can you repeat that please?* (... hier. Können Sie das bitte wiederholen?)

Weitere nützliche Sätze bei Verständnisproblemen am Telefon finden Sie im entsprechenden Abschnitt (s. S. 23 / 24).

Unterbrechen

I'd just like to add something. (Ich möchte nur kurz etwas hinzufügen). *Just* (Nur) und *quickly* (schnell) sagen jedem, dass Sie sich kurz fassen werden. Verwenden Sie diese nützlichen Sätze, um Ihre Präsenz bei dem Telefonat deutlich zu machen:

- *I'd just like to add something.*
  (Ich möchte nur etwas hinzufügen.)
- *Can I just come in here?*
  (Darf ich etwas dazu sagen?)
- *Can I add something quickly?*
  (Darf ich schnell was hinzufügen?)

Unterbrechungen verhindern

Nützliche Sätze, um sich bemerkbar zu machen, wenn Sie jemand unterbrechen will:

- *Just let me finish.*
  (Lassen Sie mich schnell zu Ende sprechen.)
- *Can I quickly finish?*
  (Darf ich nur schnell zu Ende sprechen?)

Weitere nützliche Vokabeln

answerphone	Anrufbeantworter
area code	Vorwahl
battery	Batterie
conference call	Telefonkonferenz
country code	Ländervorwahl
dialing tone	Freizeichen
directory enquiries (Br) *directory assistance (Am)*	Telefonauskunft
engaged tone	Besetztzeichen
extension	Durchwahl
fault	Störung
hash key	Raute-Taste
interference	Störgeräusch
international call	Auslandsgespräch
international directory enquiries	internationale Auskunft
landline	Festnetz
listed number	Nummer im Telefonbuch
local call	Ortsgespräch
long-distance call	Ferngespräch
missed call	verpasster Anruf
mobile phone (Br) *cell phone (Am)*	Handy
mobile phone charger	Handy-Ladegerät
off the hook	ausgehängtes Telefon
operator	Gesprächsvermittler
outside line	Amtsleitung
personal call	persönliches Gespräch

phone bill	Telefonrechnung
phone card	Telefonkarte
recorded message	aufgezeichnete Nachricht
ringtone	Klingelton
signal / reception	Empfang
sim card	SIM-Karte
smart phone	Smartphone
switchboard	Telefonzentrale
text message	SMS
unlisted number (Am) *ex-directory (Br)*	Nummer, die nicht im Telefon- buch eingetragen ist
voicemail	Sprachnachricht
wrong number	falsche Nummer

Per E-Mail

Die Geschäftskorrespondenz im Englischen hat sich im Allgemeinen von einem sehr formellen Ton zu zwei unterschiedlichen
Schreibstilen entwickelt: **halbformell** und **informell**. Formelle
E-Mails sind selten und werden üblicherweise an Personen ge-
schickt, die der Absender nicht kennt, oder an unternehmens-
externe Personen. Weniger formelle E-Mails werden üblicherweise an Personen gesendet, die der Absender kennt, und an
Kollegen. Wenn Sie nicht sicher sind, wie formell Ihre E-Mail
sein sollte, imitieren Sie den E-Mail-Stil der Person, die an Sie
geschrieben hat, oder verwenden Sie einen halbformellen Stil.
Höflich und freundlich zu sein, ist immer ratsam.

Im Folgenden finden Sie ein paar Richtlinien darüber, wie E-Mails zu beginnen und zu beenden sind, mit unterschiedlichen Höflichkeitsgraden, zusammen mit ein paar gängigen Sätzen, die in E-Mails verwendet werden.

E-Mails beginnen
In vielen Unternehmen werden informelle E-Mails unter Kollegen versendet. Hier können Sie *Hi* oder *Hello* ohne den Namen der Person verwenden. Wenn Sie sich inmitten einer E-Mail-Korrespondenz mit einem Kollegen befinden, gehen Sie davon aus, dass Sie eine E-Mail ohne Einleitung erhalten – es kann sogar lediglich eine Antwort mit einem Wort sein.

Anrede informell
- *Hi John,*
  (Hi John,)
- *Hello Mary*
  (Hallo Mary,)
- *Hi everyone,*
  (Hallo alle zusammen,)
- *Hi,*
  (Hi, oder Hallo) – ohne den Namen der Person zu verwenden.

Anrede halbformell
- *Dear Mr Peterson,*
  (Sehr geehrter Herr Peterson,)
- *Dear Ms Smith,*
  (Sehr geehrte Frau Smith,)
- *Dear John*
  (Hallo John,)

Mögliche Einstiege

Bevor der E-Mail-Absender zur eigentlichen Sache kommt, kann der erste Satz ein freundlicher Einstieg sein, beispielsweise eine höfliche Nachfrage. Das ist nur eine freundliche Geste und als Einleitung zur Hauptnachricht gedacht – sie sollte nicht zu lang oder detailliert sein. Es handelt sich lediglich um ein bisschen E-Mail-Small Talk! Mehr über Small Talk in einem Gespräch finden Sie in dem entsprechenden Unterkapitel (s. S. 79).

- *I hope you had a nice weekend.*
  (Ich hoffe, Sie hatten ein schönes Wochenende.)
- *I hope you are keeping well.*
  (Ich hoffe, es geht Ihnen gut.)
- *I hope business is going well.*
  (Ich hoffe, die Geschäfte laufen gut.)

Wenn Sie die Person, der Sie schreiben, kennen, können Sie in Ihrem Einstieg gesprächiger sein:

- *Thanks for your e-mail. It was great to hear from you.*
  (Vielen Dank für Ihre E-Mail. Schön, dass Sie sich gemeldet haben.)
- *Just a quick note to invite you to … / let you know that …*
  (Ich wollte Sie nur kurz einladen, / Ihnen nur kurz mitteilen, dass …)
- *It was great to see you last week.*
  (Es hat mich gefreut, Sie letzte Woche zu sehen.)
- *It was great to finally meet up yesterday …*
  (Es hat mich gefreut, dass wir uns gestern endlich treffen konnten …)

UNSER TIPP

*Da es im Englischen nur **You** gibt, können die angegebenen Sätze sowohl für Personen, die Sie siezen, als auch für diejenigen verwendet werden, die Sie duzen.*

*In informellen E-Mails wird nicht so sehr auf grammatikalische Korrektheit geachtet. Deshalb werden manchmal Wörter ausgelassen: **Great to see you yesterday** (Schön / Großartig, dich gestern gesehen zu haben) wird verwendet statt **It was great to see you yesterday** (Es war schön, dich gestern gesehen zu haben).*

Je formeller die E-Mail, umso mehr müssen Sie auf grammatikalisch vollständige Sätze achten.

Gründe für das Schreiben

Es gibt natürlich viele Gründe, eine E-Mail bei der Arbeit zu schreiben. Hier ein paar Sätze für die häufigsten Anlässe:

Nach Informationen fragen oder eine Bitte vorbringen

- *I would appreciate if you could read the attached documents asap.*
  (Ich würde Sie höflichst bitten, die beigefügten Dokumente so bald wie möglich zu lesen.)
- *Please let me know if you can attend.*
  (Bitte geben Sie mir Bescheid, ob Sie teilnehmen können.)
- *Would you mind coming on Thursday instead?*
  (Würde es Ihnen etwas ausmachen, stattdessen am Donnerstag zu kommen?)
- *Can you get back to me asap.*
  (Bitte melden Sie sich so schnell wie möglich wieder bei mir.)
- *Please read the attached documents and let me know what you think.*
  (Lesen Sie bitte die angehängten Dokumente und lassen Sie mich wissen, was Sie davon halten.)

Hilfe anbieten oder sich bedanken

- *Thank you for your e-mail / letter / phone call.*
  (Vielen Dank für Ihre E-Mail / Ihr Schreiben / Ihren Anruf.)
- *We appreciate your help last week with the exhibition.*
  (Wir danken Ihnen für Ihre Hilfe letzte Woche auf der Messe.)
- *Do you need a hand setting up the conference room for Monday?*
  (Brauchen Sie Hilfe bei der Vorbereitung des Besprechungszimmers für Montag?)
- *Can I help you with the finance report?*
  (Kann ich Ihnen beim Finanzbericht helfen?)

- *Would you like me to come early and help set up for the meeting?*
  (Möchten Sie, dass ich früher komme und bei der Vorbereitung der Besprechung mithelfe?)

Sich entschuldigen

Informell:
- *Sorry I missed your call.*
  (Es tut mir leid, dass ich Ihren Anruf verpasst habe.)
- *Sorry we were late in sending out your order.*
  (Bitte entschuldigen Sie, dass wir Ihren Auftrag so spät abgeschickt haben.)
- *I'm sorry, but I can't make it tomorrow/I can't come tomorrow.*
  (Es tut mir leid, aber ich schaffe es morgen nicht/ich kann morgen nicht kommen.)

Halbformell:
- *I would like to apologize for …*
  (Ich möchte mich für … entschuldigen.)
- *Please accept our apologies for the cancellation of your booking.*
  (Bitte entschuldigen Sie die Stornierung Ihrer Buchung.)
- *Unfortunately, I will not be able to/I would rather not …*
  (Leider kann ich nicht/möchte ich lieber nicht …)

Jemanden schriftlich einladen

Schriftliche Einladungen im Geschäftsbereich haben oft einen formelleren Ton als mündliche Einladungen. Wenn Sie jemanden zu einer formellen Unternehmensveranstaltung einladen, kann die Einladung wie in den folgenden Beispielen aussehen:

- ***We would like to invite you to the launch of our new software solution on 14th May at the Hilton Hotel in London.***
  (Wir möchten Sie gerne zu der Einführung unserer neuen Softwarelösung am 14. Mai im Hilton Hotel in London einladen.)
- ***Canna Ltd warmly invites you to their annual conference on Caribbean Cruises.***
  (Canna Ltd lädt Sie herzlich zur jährlichen Konferenz über Kreuzfahrten in der Karibik ein.)

Bitte beachten Sie, dass ***warmly invites*** eine freundliche Floskel ist, die dem Schriftwechsel vorbehalten ist.

Eine Antwort auf eine schriftliche Einladung könnte wie folgt lauten:
Thank you for your invitation. My colleague and I are looking forward to attending your product launch on the 14th May in London.
(Vielen Dank für Ihre Einladung. Mein Kollege und ich freuen uns auf Ihre Produkteinführung am 14. Mai in London.)

Wenn Sie im Englischen ein Vorstellungsgespräch mit jemandem vereinbaren, sagen oder schreiben Sie Folgendes:
We would like to invite you for a job interview.
(Wir möchten Sie gerne zu einem Vorstellungsgespräch einladen.)

Mehr Informationen über Vorstellungsgespräche finden Sie im entsprechenden Unterkapitel „Beim Bewerbungsgespräch". Im Folgenden finden Sie ein typisches Beispiel dafür, wie Sie jemanden per E-Mail zu einem Vorstellungsgespräch einladen können.

E-Mails beenden

Der Beginn und das Ende einer E-Mail können am schwierigsten sein, wenn Sie es nicht gewohnt sind, in englischer Sprache zu schreiben. Die folgenden Formulierungen werden häufig von Muttersprachlern am Ende einer E-Mail verwendet.

Ein informeller, persönlicher Stil wird bei E-Mails mit Personen verwendet, die Sie gut kennen oder die in Ihrem Unternehmen arbeiten. Dieser Stil ist umgangssprachlicher und spiegelt eher die gesprochene Sprache wider. Zum Beispiel:

- *Hope to hear from you soon.*
  (Ich hoffe, bald von Ihnen zu hören.)
- *I'm looking forward to seeing you.*
  (Ich freue mich darauf, Sie zu sehen.)

Gefolgt von einem der folgenden Sätze:

- *Best regards,* (Mit freundlichen Grüßen)
- *Regards* (Viele Grüße)

- ***All the best,*** (Alles Gute)
- ***Take care,*** (Machen Sie es gut.)
- ***Thanks,*** (Danke)
- ***John*** (Sie können eine E-Mail nur mit Ihrem Vornamen beenden.)

Sie können ***Best wishes / Best regards*** am Ende der meisten halbformellen und informellen E-Mails verwenden.

Muster-E-Mails
Hier ein Beispiel, wie Sie eine E-Mail an einen Kollegen, mit dem Sie regelmäßig zusammenarbeiten, verfassen können.

> **BEISPIEL**
>
> **Subject: Presentation for next week**
>
> **Hi John,**
>
> **I'm preparing a presentation for next week's meeting and need your help. Can you send me over your sales forecast for the next quarter?**
>
> **Thanks**
> **Mary**
>
> *(Hi John,*
>
> *ich bereite gerade eine Präsentation für die Besprechung nächste Woche vor und bräuchte deine Hilfe. Könntest du mir deine Umsatzprognose für das nächste Quartal zukommen lassen?*
>
> *Danke!*
> *Mary)*

Halbformelle und informelle E-Mails
Eine halbformelle E-Mail finden Sie im folgenden Beispiel:

Subject: Conference Presentation in March

Dear Ms Jones,

Thank you very much for offering to present at our upcoming conference in March. We are pleased to tell you we are expecting higher than ever attendance rates this year.

Further information about the conference programme including times and locations can be found in the document attached to this e-mail.

If you have any questions, please do not hesitate to contact me. Thank you once again, and we look forward to meeting you in March.

Best regards,
Joanne Smith
Event Management

(Betreff: Präsentation auf der Konferenz im März

Sehr geehrte Frau Jones,

vielen Dank für Ihr Vortragsangebot auf der bevorstehenden Konferenz im März. Wir freuen uns, Ihnen mitzuteilen, dass wir von einer sehr hohen Teilnehmerzahl in diesem Jahr ausgehen.

Weitere Informationen über das Konferenzprogramm, einschließlich Zeiten und Standorte sind im angehängten Dokument zu finden.

Wenn Sie Fragen haben, stehe ich Ihnen selbstverständlich gerne zur Verfügung. Nochmals vielen Dank. Wir freuen uns auf ein persönliches Kennenlernen im März.

Mit freundlichen Grüßen)

Eine informelle E-Mail könnte folgendermaßen aufgebaut sein:

BEISPIEL

Subject: Conference Programme

Hi Jack,

*Can you send me the conference programme again?
I seem to have deleted it from my inbox and need it
asap.*

*BTW – a few of us are going bowling after work on
Friday. If you want to come then I can give you a lift up
there. Let me know!*

Cheers,
Mary

(Betreff: Konferenzprogramm

Hi Jack,

*können Sie mir bitte das Konferenzprogramm erneut
zusenden? Ich habe es wohl aus meinem Posteingang
gelöscht und benötige es so schnell wie möglich.*

*Übrigens – einige von uns gehen am Freitag nach
der Arbeit zum Bowlen. Wenn Sie mitkommen möchten,
kann ich Sie im Auto dorthin mitnehmen.*
Geben Sie mir Bescheid!

Danke!
Mary)

E-Mail-Korrespondenzen (informell und halbformell)

Eine informelle E-Mail-Korrespondenz könnte wie folgt aussehen. Zum Hintergrund: Es handelt sich um einen kurzen
E-Mail-Austausch zwischen zwei Personen, die in verschiedenen
Abteilungen im gleichen Unternehmen arbeiten und eine Ge-
schäftsbeziehung pflegen.

Subject: Numbers for Friday

Hi John,

Hope you are keeping well. Just a quick note to ask if you can confirm how many people are attending on Friday? I need to let the caterers know by this afternoon.

Thanks and looking forward to seeing you again.

Regards,
Jason

(Betreff: Zahlen für Freitag

Hi John,

ich hoffe, es geht Ihnen gut. Ich wollte Sie nur kurz darum bitten, mir zu bestätigen, wie viele Personen am Freitag teilnehmen werden. Ich muss dem Catering-Unternehmen bis heute Nachmittag Bescheid geben.

Danke und bis bald.
Viele Grüße
Jason)

Antwort:

Hi Jason,

Good to hear from you. In answer to your question – it looks like we have 75 confirmed attendees. I am still waiting on some last minute replies. I will be able to give you a definite number by tomorrow at the latest – is that too late?

Regards,
John

> *(Hi Jason,*
>
> *schön von Ihnen zu hören. Um Ihre Frage zu beantworten – es sieht so aus, dass wir 75 bestätigte Teilnehmer haben. Ich warte noch auf ein paar letzte Antworten.*
>
> *Ich werde Ihnen bis spätestens morgen eine endgültige Zahl mitteilen können – ist das zu spät?*
>
> *Viele Grüße*
>
> *John)*

> *Rückantwort:*
>
> **Hi John,**
>
> **Thanks. I spoke to the catering company and they said as long as we don't add more than 20 more guests it should be ok.**
>
> **Jason**
>
> *(Hi John,*
>
> *ich habe mit dem Catering-Unternehmen gesprochen und sie sagten, solange wir nicht mehr als 20 Gäste hinzufügen, sollte das in Ordnung gehen.*
>
> *Jason)*

Es folgt ein Beispiel für eine **halbformelle E-Mail-Korrespondenz**. Zum Hintergrund: Auf einer Messe hat Roberto mit Alan gesprochen. Er wollte weitere Informationen zu den Produkten von Alans Firma haben. Alan schickt ihm dazu die relevanten Unterlagen als E-Mail-Anhang. Der Schreibstil ist freundlich und professionell.

Subject: Trade Fair Milan – product information

Dear Roberto,

It was great meeting you and your colleague Tony last week at the trade fair in Milan. As requested, I have attached details on our latest product range and below you will see a link to our website, which includes several customer case studies and testimonials.

I am in London next week and would be happy to meet with you to discuss the product range in more detail.

Please give me a call if you have any questions. You can reach me best on my mobile number – 0044 793 05656.

I look forward to hearing from you.

Best regards
Alan Bridges
Key Account Manager

(Betreff: Messe in Mailand – Produktinformationen

Guten Tag Roberto,

es hat mich gefreut, Sie und Ihren Kollegen Tony letzte Woche auf der Handelsmesse in Mailand kennenzulernen. Wie gewünscht hänge ich Ihnen Details über unsere aktuelle Produktpalette an, und weiter unten finden Sie einen Link zu unserer Website, die mehrere Kundenfallstudien und Referenzen enthält.

Nächste Woche bin ich in London und würde mich freuen, Sie zu treffen, um die Produktpalette ausführlicher zu besprechen.

Wenn Sie Fragen haben, können Sie mich gerne anrufen. Sie können mich am einfachsten über mein Handy erreichen – unter 0044 793 05656.

Ich würde mich freue, von Ihnen zu hören.

Mit besten Grüßen
Alan Bridges
Key Account Manager)

Eine Abwesenheitsnotiz einrichten

Wenn Sie mit internationalen Kunden oder Geschäftspartnern in Kontakt stehen, sollte Ihre E-Mail-Abwesenheitsnotiz in mehreren Sprachen verfasst werden. Hier ein paar Vorschläge, wie Sie Ihre Nachricht auf Englisch verfassen können.

BEISPIEL

Subject: Out-of-office until 12th August

Thank you for your e-mail. I am on holiday until the 12th August and will not have access to my e-mail during that time. If you need to speak to someone urgently please write to Marcia Wrighton at mwrighton@herw.co.uk.

Kind regards
Roberto Violetti

(Betreff: Abwesenheit bis 12. August

Vielen Dank für Ihre E-Mail. Ich bin bis 12. August im Urlaub und habe während dieser Zeit keinen Zugang zu meinem E-Mail-Konto. In dringenden Fällen wenden Sie sich bitte an Marcia Wrighton unter: mwrighton@herw.co.uk)

Wenn Sie mitteilen möchten, dass Sie verreist sind und Ihre E-Mails möglicherweise verspätet beantworten, können Sie Folgendes schreiben.

BEISPIEL

Subject: Limited E-Mail Access until 12th August

I will be travelling over the next few days and will have limited access to my e-mails. I will do my best to respond as quickly as I can.

Thank you for your understanding.

(Betreff: Unregelmäßiger Zugang zum E-Mail-Konto bis 12. August

Ich bin in den nächsten Tagen unterwegs und werde daher nur beschränkten Zugang zu meinen E-Mails haben. Ich werde Ihnen so schnell wie möglich antworten.

Vielen Dank für Ihr Verständnis.)

Dateien anhängen

Gibt es Dokumente, die Sie Ihrer E-Mail beifügen möchten, können Sie recht formell sein und Folgendes schreiben:

- *I am attaching my CV for your consideration.*
  (Anbei sende ich Ihnen meinen Lebenslauf.)
- *I am sending you the brochure as an attachment.*
  (Ich sende Ihnen die Broschüre als Anhang.)
- *Please see the document attached.*
  (Das Dokument finden Sie im Anhang.)

Eine weniger formelle und geläufigere Art und Weise, Anlagen zu erwähnen, ist folgende:

- *Please see attached.*
  (Bitte beachten Sie den Anhang.)

- *Please see attached for the minutes of yesterday's management meeting.*
  (Im Anhang finden Sie das Protokoll der gestrigen Vorstandssitzung.)
- *I'm attaching a copy of this week's agenda.*
  (Ich hänge eine Kopie der Tagesordnung von dieser Woche an.)

Wenn Sie Probleme beim Öffnen einer Anlage aus irgendeinem Grund haben, helfen Ihnen folgende Sätze:

- *I'm afraid I can't open the file you sent.*
  (Ich kann die von Ihnen gesendete Datei leider nicht öffnen.)
- *Could you send it again in a ... format?*
  (Könnten Sie sie bitte erneut in einem ...-Format senden?)
- *Sorry, but I can't open it. Can you send it again as a PDF?*
  (Tut mir leid, aber ich kann sie nicht öffnen. Könnten Sie sie bitte erneut als PDF senden?)

Abkürzungen und Jargon

Im Englischen verfasste E-Mails, vor allem die von Muttersprachlern, beinhalten sehr oft Abkürzungen und einen gewissen Anteil an E-Mail-Jargon. Das betrifft insbesondere die Kommunikation zwischen Kollegen, aber auch den E-Mail-Verkehr mit Menschen, mit denen man regelmäßig zusammenarbeitet. Nachfolgend finden Sie einige der häufigsten Abkürzungen und Ausdrücke englischer E-Mails:

- **BTW (by the way) (übrigens)**
  BTW we are meeting later in room 205 (Übrigens, wir treffen uns später in Zimmer 205) or *BTW I'm leaving early today as I have a doctor's appointment* (Ich gehe heute übrigens früher wegen eines Arzttermins.)

- **FYI (for your information) (zu Ihrer / deiner Information)**
  Diese Abkürzung findet sich oft in der Betreffzeile oder im ersten Satz. Sie ist kurz und knapp. Der Verfasser der E-Mail erwartet normalerweise keine Antwort darauf.

- **ASAP (as soon as possible) (so schnell wie möglich)**
  Diese Abkürzung wird häufig im E-Mail-Text verwendet: *Can you send me the figures asap?* (Könnten Sie mir möglichst schnell die Zahlen schicken?) oder *The boss wants this project finished asap.* (Der Chef möchte dieses Projekt so schnell wie möglich beenden.) Man kann die Buchstaben einzeln oder als Wort aussprechen.

- **NB (Nota Bene)**
  Ähnlich wie das „PS" werden diese beiden Buchstaben als Einleitung einer Anmerkung unterhalb des Textes verwendet.

BEISPIEL

Best regards,
John
NB. Remember that the cafeteria will close early today.
(Denken Sie daran, dass die Cafeteria heute früh schließt.)

Begriffe wie *bounce* und *ping* werden verwendet, wenn man sich über das Verfassen von E-Mails austauscht.

Wir verwenden *bounce*, um zu beschreiben, dass eine E-Mail zurück zum Absender kam:
I tried to send an e-mail to the product manager at Canna but it bounced. I must have the wrong address.
(Ich habe versucht, eine E-Mail an den Produktmanager bei Canna zu senden aber sie kam zurück. Ich muss wohl eine falsche Adresse haben).

Mit *ping* versuchen wir herauszufinden, ob eine Person verfügbar ist:

Catch up tomorrow? I may be busy with a client. Ping me at twelve thirty or so.

(Treffen wir uns morgen? Es könnte sein, dass ich bei einem Kunden bin. Mailen Sie mir kurz, so gegen halb eins.)

> ### UNSER TIPP
>
> *Seien Sie mit Humor oder subtilen Gefühlen in Ihren E-Mails vorsichtig. Humor wird nicht immer über die kulturellen Grenzen hinaus verstanden. Sie könnten sogar ungewollt jemanden beleidigen.*

Konventionen zu Formalität und Höflichkeit

Einige Kulturen neigen dazu, sehr direkt in E-Mail-Kommunikationen zu sein. Dies mag in Ihrer Kultur üblich sein, in anderen wird Ihre Direktheit vielleicht als unhöflich und respektlos betrachtet. In diesem Abschnitt finden Sie Tipps, wie Sie Ihren Ton anpassen und eine positive Antwort erhalten.

Die folgenden Sätze klingen sehr formell. Sie sind aber in Situationen nützlich, in denen Sie die Person, der Sie schreiben, nicht gut oder überhaupt nicht kennen:

- **I am writing to make a reservation / apply for the position of ... / confirm my booking.**
  (Hiermit möchte ich eine Reservierung vornehmen / mich für die Stelle als ... bewerben / meine Buchung bestätigen.)
- **Following your interview on Friday, we are pleased to offer you the job ...**
  (Nach Ihrem Bewerbungsgespräch am Freitag freuen wir uns, Ihnen die Stelle als ... anbieten zu dürfen.)

- **Thank you for your e-mail enquiring about our conference in Bonn ...**

  (Vielen Dank für Ihre E-Mail-Anfrage anlässlich unserer Konferenz in Bonn ...)

UNSER TIPP

Die meisten E-Mails, die wir schreiben, weisen einen halbformellen Stil auf. Gelegentlich müssen Sie aber eine formelle E-Mail schreiben. Mitteilungen, die in diesem Stil verfasst werden, ähneln Geschäftsbriefen, weshalb sie knapp und informativ sind.

*Wenn Sie jemandem schreiben müssen, dessen Namen Sie nicht kennen, leiten Sie die E-Mail mit **Dear Sir or Madam** oder **Dear Sir / Madam** (Sehr geehrte Damen und Herren) ein und beenden sie mit **Yours faithfully** (Br) or **Yours Sincerely** (Am) (Mit freundlichen Grüßen).*

*Beim Schreiben formeller E-Mails sollten **contractions** (Schmelzwörter) wie **I'm, didn't, you'll** (Ich bin, war nicht, Sie werden) etc. vermieden werden. In einer formellen E-Mail schreiben Sie: **I am, did not, you will**.*

*Zum Beispiel **I am writing to ask for some information.** (Ich möchte Sie hiermit um ein paar Informationen bitten.) Halbformell: **I'm writing to ask for some information.***

Weitere nützliche Vokabeln

address book	Adressbuch
attachment	Anhang
blind copy / BCC	Blindkopie / BCC
bold	fett
carbon copy / CC	Kopie
to download	herunterladen
draft	Entwurf
e-mail account	E-Mail-Konto
e-mail address	E-Mail-Adresse
emoticon / emoji	Emoticon
font	Schrift
inbox	Posteingang
incoming mail	eingehende E-Mails
italic	kursiv
outbox	Postausgang
outgoing mail	ausgehende E-Mails
paragraphs	Absätze
read / unread emails	gelesene / ungelesene E-Mails
salutation	Anrede
sender	Absender
subject line	Betreff
zip file	Zip-Datei

Über soziale Medien

Eine Orientierungshilfe für die berufliche Kommunikation auf Englisch wäre nicht vollständig, ohne zumindest kurz soziale Medien zu erwähnen. Menschen kommunizieren immer mehr online und verwenden dabei unterschiedliche soziale Websites – wahrscheinlich haben Sie von vielen schon gehört und werden wahrscheinlich auf einer oder sogar mehreren sozialen Medienplattformen selbst oder als Unternehmen präsent sein. Englisch ist die Sprache, die am häufigsten im Internet verwendet wird, weshalb eine große Menge an internettypischem Jargon und Schlagwörtern auf Englisch entstanden ist. Zum Beispiel sagt man, jemand **joined the conversation**, wenn er/sie damit beginnt, über Blogs oder sonstige Onlinekanäle online Beiträge zu leisten. Alles, was in sozialen Netzwerken (Facebook, Twitter, YouTube, etc.) geteilt und sehr schnell an viele Leute weitergeleitet wird, gilt als **gone viral**. Zum Beispiel: ***Our recent YouTube video went viral.*** (Unser aktuelles YouTube-Video hat sich wie ein Lauffeuer verbreitet.) Wir sprechen über **influence**, womit man ausdrücken möchte, wie viel Einfluss eine Person oder ein Unternehmen online hat.

Ein Wort zum Ton

Während Rechtsdokumente und Geschäftsschreiben die formellste Geschäftskorrespondenz bilden, befinden sich Mitteilungen in sozialen Medien am anderen Ende der Förmlichkeitsskala. In sozialen Medien versammeln sich Menschen, um sich auf eine persönliche und lockere Art und Weise auszutauschen.

Wie können Sie sich der freundlichen und offenen Art der sozialen Medien anpassen und dabei dennoch professionell bleiben? Hier ein paar Dinge, die beachtet werden sollten:

- Verwenden Sie **Contractions** (Schmelzwörter) wie **we'd, you'll, can't.**

- Verwenden Sie **we** (wir), **our** (unser), **us** (uns), **you** (Sie) **your** (Ihr) usw. Das klingt viel persönlicher als **the company** (das Unternehmen) oder **the customer** (der Kunde).
- Umschreiben Sie eher als Text aus anderen Offline- oder Online-Materialien auszuschneiden und einzufügen.
- Verwenden Sie Verben! Im nächsten Abschnitt finden Sie weitere Tipps dazu.
- Verzichten Sie auf Akronyme wie **LOL** (Laughing out loud) – überlassen Sie das den Teenagern.

UNSER TIPP

*Sie können Ihre Posts mit Fragewörtern wie **how** (wie), **why** (warum) oder **what** (was) stellen. Zum Beispiel: **How to write for social media – follow these 7 steps.** (Für soziale Medien schreiben – befolgen Sie diese 7 Schritte.)*

Sprache in sozialen Netzwerken: Twitter

Um den Sprachgebrauch in sozialen Netzwerken zu veranschaulichen, stellen wir Ihnen beispielhaft Besonderheiten von Twitter vor.

Twitter stellt die Frage: **What's happening?** (Was passiert gerade?) Damit können Sie andere wissen lassen, was Sie gerade tun. Da Sie nur 140 Zeichen verwenden können, müssen Sie unnötige Wörter auslassen. Bei Twitter senden Sie Ihre Tweets an Freunde oder Follower. Sie können anderen Leuten, die Sie interessieren, folgen (follow) und deren Tweets lesen. Hier finden Sie Twitter-relevantes Vokabular:

- **Hashtag**
  Ein Wort oder eine Gruppe von Wörtern, die mit dem Rautezeichen (#) beginnen. Sie werden verwendet, um ähnliche Vorstellungen und Themen zusammenzufassen, z. B. #firstworldproblems.

- **Trending**

  Ein Wort, ein Satz oder ein Thema, das zu irgendeinem Zeitpunkt auf Twitter beliebt ist, z. B. *Guess what's trending this week on Twitter?* (Raten Sie mal, was diese Woche Trend bei Twitter ist?)

- **Tweet**

  Eine auf Twitter gesendete Nachricht, z. B. *HeRW is tweeting about the introduction of their new product.* (HeRW postet einen Tweet über die Einführung des neuen Produkts.)

UNSER TIPP

Wenn Sie Nachrichten in sozialen Medien verfassen, verwenden Sie eher Verben als Substantive, um eine größere Wirkung zu erreichen. Durch die Verwendung von Verben wird Ihr Schreiben lebendig und klingt einnehmender.

Wenn Sie ein Wort mit der Endung -ment, oder -tion sehen, können Sie diese Substantive in Verben umwandeln. Sehen Sie sich diese Beispiele an:

*Wörter mit der Endung **-ment**:*

- ***announcement** (Ankündigung) wird **announce** (ankündigen)*
- ***employment** (Beschäftigung) wird **employ** (beschäftigen)*
- ***development** (Entwicklung) wird **develop** (entwickeln)*

*Das Gleiche gilt für Wörter mit der Endung **-tion**:*

- ***construction** (Bau) wird **construct** (bauen)*
- ***subscription** (Abonnement) wird **subscribe** (abonnieren)*
- ***calculation** (Berechnung) wird **calculate** (berechnen)*

Lesen Sie die folgenden Sätze, um deren unterschiedliche Wirkung wahrzunehmen:

Announcing our competition winner (Unseren Wettbewerbsgewinner verkünden) klingt lebendiger und offener als die Verwendung der Substantive ***Competition announcement*** (Wettbewerbsverkündung). Das Gleiche gilt für ***Subscribe to our newsletter*** (Abonnieren Sie unseren Newsletter), was sich besser liest als ***Newsletter subscription*** (Newsletter-Abonnement).

Im Folgenden finden Sie zwei Beispiele von Posts in sozialen Medien. Achten Sie auf den freundlichen Ton und die vielen Verben.

- ***Looking forward to seeing you all tomorrow at our open day! For a full program of events and to register see our website www.canna.com***
  (Wir freuen uns darauf, Sie alle morgen an unserem Tag der offenen Tür zu sehen! Das vollständige Veranstaltungsprogramm und Informationen, wie Sie sich anmelden können, finden Sie auf unserer Website www.canna.com)

- ***Looking for something new this summer? Explore #cannafly for tips from the people who already took the trip! bit.ly/CannaFly***
  (Suchen Sie nach etwas Neuem für diesen Sommer? Entdecken Sie #cannafly – mit Tipps von Leuten, die die Reise bereits gemacht haben! bit.ly/CannaFly)

Vokabular in sozialen Netzwerken

Hier sind einige Begriffe, auf die Sie in der Online-Welt treffen werden:

- **Blogosphere**
  Blogosphäre – die ganze Welt der Blogs online. Die Unterhaltungen oder der Informationsaustausch, der innerhalb der Blogs stattfindet.

- **Chat**
  In Echtzeit über Computer oder Smartphones
  kommunizieren durch Hin- und Herschreiben von
  Nachrichten. Kommunikation ist zwischen zwei oder
  mehreren Personen möglich.

- **Comments**
  Kommentare – bei den meisten Blogs können die Leser
  ihre eigenen Gedanken oder Meinungen hinzufügen,
  indem sie Kommentare schreiben. Dadurch kann dem
  Verfasser des Blogs Feedback gegeben werden.

- **Cyberspace**
  Ein Bereich der virtuellen Realität, an dem virtuelle
  Kommunikation, Simulationen und Internetaktivität
  stattfinden.

- **Netiquette**
  Anstandsregeln, die beim Kommunizieren in sozialen
  Medien gelten.

- **Subscribe**
  Abonnieren – d. h., man wird Fan oder Mitglied eines Blogs.
  Durch das Abonnieren wird eine Person benachrichtigt,
  wenn neue Posts geschrieben werden. Es stellt das Online-
  Äquivalent zum Abonnement einer Zeitschrift dar.

Neue Begriffe, Sätze und Akronyme tauchen ständig in sozialen
Netzwerken auf. Bleiben Sie auf dem Laufenden, indem Sie beispielsweise Online-Glossare anschauen.

Persönlich vor Ort

Im Geschäftsleben muss man sich und andere Personen immer wieder vorstellen und einiges über sich sagen. In diesem Abschnitt finden Sie Sätze hierzu – und auch wie sie sich verabschieden können und Einladungen aussprechen sowie ablehnen können.

Personen begrüßen

Es gibt ganz unterschiedliche Methoden, Leute zu grüßen, und die Art und Weise, wie Sie sich selbst oder andere vorstellen, hängt vom jeweiligen Kontext ab – in einer Besprechung, beim Geschäftsessen, während einer Konferenz, am Flughafen – um nur einige Beispiele zu nennen. Hier sind ein paar nützliche Ausdrücke aufgelistet, um Leute in einem geschäftlichen bzw. formelleren Kontext zu grüßen:

- *Mr Schmidt? Hello. I'm Roberto Violetti. Nice to meet you.*
  (Herr Schmidt? Guten Tag. Ich bin Roberto Violetti. Freut mich, Sie kennenzulernen.)
- *Hello, I just wanted to introduce myself …*
  (Guten Tag, ich wollte mich nur kurz vorstellen …)
- *I don't believe we've met before. I'm …*
  (Ich glaube, wir sind uns noch nicht begegnet. Ich bin …)
- *I don't think we've actually met formally yet. I'm …*
  (Ich glaube, wir haben uns bisher noch nicht offiziell vorgestellt. Ich bin …)

Oder eine weniger formelle Art, sich selbst vorzustellen:

- **Hello my name is ...**
  (Hallo, mein Name ist ...) oder
- **I'm ...**
  (Ich bin ...)

Wenn Sie eine Gruppe von Personen bei einer Besprechung oder Präsentation ansprechen möchten, können Sie sagen: **Good morning/afternoon/evening everyone** (Guten Morgen/Tag/Abend zusammen) oder wenn es um eine kleine Gruppe von zwei oder drei Leuten geht, sagen Sie einfach **Good morning/afternoon/evening** (Guten Morgen/Tag/Abend).

UNSER TIPP

*Wenn Sie jemanden schon kennen und ihn auf Englisch begrüßen möchten, sagen Sie: **Hello / Hi John, how are you?** (Hallo John, wie geht es Ihnen?). Die Frage erfordert keine ausführliche Antwort – es handelt sich um eine Standardgrußfloskel im Englischen. Die typische Antwort darauf lautet: **I'm great / good / fine / okay ... or very well, thank you and you?** (Danke, sehr gut / gut / ausgezeichnet / okay ... oder sehr gut, und Ihnen?)*

*Ein ausführliches Gespräch erfolgt zu einem späteren Zeitpunkt. Auch wenn Sie sich elend fühlen, antworten Sie daher bei der Begrüßung im Englischen üblicherweise: **Good thanks, and you?** (Gut, und Ihnen?)*

Weitere Informationen finden Sie im Unterkapitel „Small Talk".

Im folgenden Beispiel treffen zwei Geschäftskollegen am Flughafen aufeinander.

BEISPIEL

Dan: **Hello John. How are you?**
(Hallo John. Wie geht's?)

John: **Very well thanks Dan – and you?**
(Danke, sehr gut Dan – und Ihnen?)

Dan: **I'm fine thanks, looking forward to the team party tonight.**
(Ausgezeichnet danke, ich freue mich auf die Teamfeier heute Abend.)

Oder wenn es sich um jemanden handelt, den Sie sehr gut kennen, können Sie Folgendes sagen:

Mary: **Hi John. How are you doing?**
(Hi John. Wie geht's dir?)

John: **Fine, thanks. And you?**
(Ausgezeichnet, danke. Und dir?)

Sich vorstellen

Wenn Sie sich jemandem vorstellen möchten, haben Sie verschiedene Möglichkeiten. Hier ein paar mögliche Redewendungen:

- *My name is …*
  (Mein Name ist …)
- *I'm … Nice to meet you.*
  (Ich bin … Freut mich, Sie kennenzulernen.)
- *I'm … Pleased to meet you.*
  (Ich bin … Sehr erfreut, Sie kennenzulernen.)
- *Let me introduce myself; I'm …*
  (Darf ich mich vorstellen? Ich bin …)
- *I'd like to introduce myself; I'm …*
  (Gestatten? Ich bin …)

Eine freundliche und einfache Art und Weise, sich vorzustellen ist: *I don't think we've met. I'm ...* (Ich glaube, wir sind uns noch nicht begegnet. Ich bin ...)

Antwort auf eine Vorstellung

Es gibt einige Möglichkeiten, auf eine Vorstellung zu reagieren. Sie werden vielleicht den Satz hören *It's a pleasure to meet you* (Freut mich, Sie kennenzulernen), ein halbformeller Ausdruck, der in einem Geschäftszusammenhang verwendet werden kann, oder *How do you do? I'm ...* (Wie geht es Ihnen? Ich bin ...).

Hier eine Übersicht über mögliche Antworten, wenn Sie jemandem vorgestellt werden:

- *It's a pleasure to meet you.*
  (Freut mich, Sie kennenzulernen.)
- *Pleased / happy / glad to meet you, too.*
  (Freut mich auch / Auch sehr erfreut, Sie kennenzulernen. / Angenehm.)
- *(It's) nice / good / great meeting you.*
  (Freut mich / sehr erfreut, Sie kennenzulernen / Schön / toll, Sie kennenzulernen.)

Peter: **I don't think we've met. May I introduce myself? I'm Peter Grant.**
(Ich glaube, wir kennen uns noch nicht. Darf ich mich vorstellen? Ich bin Peter Grant.)

Mary: **It's a pleasure to meet you. My name's Mary Johnstone.**
(Freut mich, Sie kennenzulernen. Mein Name ist Mary Johnstone.)

Zu diesem Zeitpunkt können auch Visitenkarten ausgetauscht werden:

Hi, my name's Mary, Mary Johnstone. Here's my card. Call me if you need anything.

(Guten Tag, mein Name ist Mary, Mary Johnstone. Hier ist meine Karte. Rufen Sie mich an, wenn Sie etwas brauchen.)

Im folgenden Beispiel finden Sie eine andere Möglichkeit zu reagieren, wenn sich eine Person bei Ihnen vorstellt.

Dan: **Hello. My name's Dan Lewis.**
(Guten Tag. Mein Name ist Dan Lewis.)

Helen: **How do you do? I'm Helen King.**
(Wie geht es Ihnen? Ich bin Helen King.)

Personen einander vorstellen

Es gibt viele Situationen, in denen Sie zwei Personen kennen, die sich zum ersten Mal begegnen und die Sie einander vorstellen möchten. Beginnen Sie mit Folgendem:

- *I believe you two haven't met before?*
  (Ich glaube, Sie beide kennen sich noch nicht?)
- *This is Mary Johnstone from Canna Ltd …*
  (Das ist Mary Johnstone von Canna Ltd …)
- *John, I'd like you to meet Mary.*
  (John, ich möchte dir gerne Mary vorstellen).

Eine typische Vorstellungsrunde könnte wie im Folgenden ablaufen:

BEISPIEL

Sie:	*I believe you two haven't met before. This is John Smith from Viacom. John, this is Mary Johnstone.* (Ich glaube, Sie beide kennen sich noch nicht. Das ist John Smith von Viacom. John, das ist Mary Johnstone.
John:	*Hello Mary, nice to meet you.* (Hallo Mary, schön Sie kennenzulernen.)
Mary:	*Hello. Nice to meet you, too.* (Hallo. Freut mich auch, Sie kennenzulernen.)

Hinweis: In einer formellen Vorstellungsrunde im Geschäftsleben ist es angemessen, jemanden mit Vor- und Nachnamen vorzustellen. Je nach Kultur können Sie darauf auch nur mit der Angabe Ihres Vornamens reagieren. Dies ist in englischsprachigen Ländern üblich. **Achten Sie auf die kulturellen Standards, wenn Sie Personen mit ihrem Vornamen ansprechen.**

Weitere Sätze, die Sie verwenden können:

- *Let me introduce you to John Smith.*
  (Lassen Sie mich Ihnen John Smith vorstellen.)
- *I'd like to introduce you to John Smith.*
  (Ich möchte Sie mit John Smith bekanntmachen.)

BEISPIEL

Sie:	*Let me introduce you to John Smith.*
	(Ich möchte Sie John Smith vorstellen.)
Mary:	*Pleased to meet you.*
	(Freut mich, Sie kennenzulernen.)
John:	*Nice meeting you, too.*
	(Freut mich auch, Sie kennenzulernen.)

Als Reaktion darauf, dass Ihnen jemand vorgestellt wurde, können Sie *pleased to meet you / nice to meet you* (Freut mich, Sie kennenzulernen, oder schön, Sie kennenzulernen) sagen. Oft wird *I've heard so much about you* (Ich habe schon viel von Ihnen gehört) hinzugefügt.

Ein Gespräch beenden

Um ein Gespräch zu beenden, benötigen Sie höfliche Phrasen, ganz gleich ob es sich um ein formelles Treffen oder ein lockeres Gespräch handelt. Mit **Signalphrasen** lassen Sie die Person, mit der Sie sich unterhalten, wissen, dass das Gespräch vorbei ist. Diese Sätze sind denjenigen ähnlich, die Sie beim Beenden eines Telefongesprächs verwenden, beispielsweise: **Well, I'd better be going.**, oder **Look at the time! I'd better go ...** Im Anschluss daran können Sie eine höfliche Floskel zur Verabschiedung anwenden: **It was really nice to meet you/talk to you/see you again ...** (Also, ich sollte jetzt gehen. Hat mich wirklich gefreut, Sie zu treffen/wiederzusehen).

Sie können auch einen **Grund** angeben, warum Sie das Gespräch beenden:

- **I'm really sorry, I have an appointment and have to fly.**
  (Tut mir leid, ich habe einen Termin und muss los.)
- **I've a train to catch in an hour so I'll have to go.**
  (Ich muss los, mein Zug fährt in einer Stunde.)

- ***I've a meeting/presentation/conference call so I'd better get a move on.***
  (Ich muss los, ich habe eine Besprechung/Präsentation/Telefonkonferenz.)

Häufig erwähnt man dann auch, wann man sich wiedersehen wird:

- ***See you Thursday at the AGM.***
  (Bis Donnerstag auf der Jahreshauptversammlung.)
- ***We'll meet up again at the sales conference in April.***
  (Wir sehen uns im April auf der Vertriebskonferenz.)
- ***Okay, bye, see you soon.***
  (Okay, tschüss! Bis bald.)

Wie man sich bei einem persönlichen Gespräch verabschiedet, lernen Sie im folgenden Beispiel. Zum Hintergrund: Dan und John beenden ihr informelles Gespräch am Flughafen.

BEISPIEL

Dan:	***Well, I'd better get on – I've got someone waiting for me. It's great to see you again. I'll see you later at the team party! Cheerio.*** *(Also, ich muss jetzt los – ich werde erwartet. Es war schön, dich wiederzusehen. Wir sehen uns später auf der Teamfeier! Tschüss!)*
John:	***Cheerio Dan – great to see you, too. Yeah – see you tonight!*** *(Tschüss Dan – mich hat es auch gefreut, dich zu sehen. Ja genau – bis heute Abend!)*

Weitere Redewendungen zum Beenden eines Gesprächs

- *Well I must get on. It was a pleasure meeting you Mr/Mrs … I hope we get the chance to meet again …*
  (Ich muss jetzt los. Hat mich gefreut, Sie wiederzusehen, Herr/Frau … Ich hoffe, wir sehen uns mal wieder …)

- *It was great to see you again … please stay in touch! Bye/Cheerio!*
  (Schön, Sie wiedergesehen zu haben … wir bleiben in Verbindung! Tschüss!)

- *I'd better get on. Lovely to see you again. Please give me a ring next time you're in town.*
  (Ich muss jetzt los. War nett, Sie wiedergesehen zu haben. Rufen Sie mich bitte an, wenn Sie das nächste Mal in der Stadt sind.)

- *I have a meeting in 15 minutes so I'll have to go. It was great to catch up with you again. Let's stay in touch. Bye.*
  (Ich habe in 15 Minuten eine Besprechung, darum muss ich jetzt gehen. Es war schön, dass wir uns mal wieder auf den neuesten Stand bringen konnten. Wir bleiben in Verbindung. Auf Wiedersehen.)

- *Okay, I have to hurry. I have an interview in 10 minutes. Maybe we can catch up later?*
  (Okay, ich muss mich beeilen. Ich habe in 10 Minuten ein Vorstellungsgespräch. Treffen wir uns später?)

UNSER TIPP

keep in touch *ist eine gebräuchliche Art zu sagen, dass man in Verbindung bleibt.*

catch up later *bedeutet, dass man sich zu einer anderen Zeit wieder treffen wird. Manchmal wird die informelle Floskel* **catch you later** *verwendet, was so viel wie „bis später" bedeutet.*

Einladungen

Einladungen aussprechen

Mündliche Einladungen sind oft in drei Teile untergliedert: Zunächst wird die Person gefragt, ob sie Zeit hat. Anschließend wird ihr mitgeteilt, um welche Veranstaltung es geht, und im letzten Teil spricht man die Einladung aus:

- *Are you doing anything this evening? Some of us are going to watch the football after work if you want to join us.*
  (Haben Sie heute Abend schon etwas vor? Einige von uns schauen nach der Arbeit Fußball. Vielleicht möchten Sie mitkommen?)
- *Are you free at the weekend? We're planning a company barbecue. Would you like to come?*
  (Haben Sie am Wochenende Zeit? Wir wollen mit Kollegen grillen. Möchten Sie auch kommen?)

Bei Einladungen können Sie den Satz folgendermaßen beginnen:

- *Would you like to …* z. B.: *Would you like to join us for lunch today? We are going to an Italian restaurant nearby.*
  (Möchten Sie heute mit uns zu Mittag essen gehen? Wir gehen in ein italienisches Restaurant ganz in der Nähe.)
- *Would you be interested in …?*
  (Hätten Sie Interesse an …?)
- *Would you be interested in coming to the seminar next Tuesday?*
  (Hätten Sie Interesse, zum Seminar nächsten Dienstag zu kommen?)
- *Would you like to stay after the product launch and meet some of the staff?*
  (Möchten Sie nach der Produkteinführung bleiben und ein paar der Mitarbeiter treffen?)
- *I'd like to (formally) invite you to …*
  (Ich möchte Sie (offiziell) einladen, …)

Eine lockere Art und Weise, jemanden zu etwas einzuladen, sieht folgendermaßen aus:

- *How do you fancy going out for dinner after work tonight?*
  (Hätten Sie Lust, heute nach der Arbeit essen zu gehen?)
- *(Do you have) any plans for … ?*
  (Haben Sie Pläne für … ?)
- *(Do you) fancy/want to … ?*
  (Möchten Sie/wollen Sie … ?
- *Have you got time to … (with me/us)?*
  (Haben Sie Zeit, … (mit mir/uns)?)
- *Why don't we … ?*
  (Wir könnten … ?)
- *I was wondering if you'd like to …/Would you like to … (with me/us) … ?*
  (Ich wollte fragen, ob Sie …/Möchten Sie … (mit mir/uns) … ?)

Wenn Sie Einladungen am Telefon äußern möchten, können Sie Folgendes sagen:

- *I'm calling to invite you to …*
  (Ich rufe an, weil ich Sie zu … einladen möchte.)
- *We'd/I'd like to invite you to …*
  (Wir/ich möchte Sie zu … einladen.)

Weitere Informationen über Telefonate auf Englisch finden Sie im Unterkapitel „Am Telefon". Im Abschnitt „Gründe für das Schreiben" (S. 37) erfahren Sie, wie Sie jemanden schriftlich einladen können.

Einladungen annehmen

Wenn Sie eine Einladung annehmen möchten, haben Sie ebenfalls mehrere Optionen. Wenn Ihre Einladung mit einem Satz beginnt wie **Would you like to …** (Möchten Sie …), haben Sie verschiedene Möglichkeiten darauf zu antworten:

- *That's very kind of you, thanks.*
  (Das ist sehr nett von Ihnen, danke.)
- *Yes, thank you, that would be great.*
  (Ja, danke, das wäre toll.)
- *That sounds lovely, thanks.*
  (Das hört sich gut an, danke.)

Wenn die Einladung so beginnt: **Do you fancy going out to dinner after work tonight?** (Hätten Sie Lust, heute Abend nach der Arbeit zum Essen zu gehen?) können Sie die Einladung mit folgenen Aussagen annehmen:

- *What a great idea, thanks.*
  (Was für eine tolle Idee, danke.)
- *Yes, thank you – that would be lovely.*
  (Ja danke – das wäre sehr schön.)

Weitere Möglichkeiten, eine Einladung anzunehmen:

- *(That sounds) great. (See you there / then).*
  ((Das hört sich) toll (an). (Wir sehen uns dort / Also bis dann).)
- *Count me in!*
  (Ich bin dabei!)
- *I'd love to.*
  (Sehr gerne.)

Im Folgenden finden Sie ein Beispiel, wie es aussehen könnte, wenn eine Einladung ausgesprochen und vom Gesprächspartner angenommen wird.

BEISPIEL

John: **Would you like to join us for lunch today Mary? We are going to the Italian restaurant on Regent Street.**
(Möchten Sie heute mit uns zum Mittagessen gehen, Mary? Wir gehen in das italienische Restaurant auf der Regent Street.)

Mary: **Thanks – I'd love to.**
(Danke – sehr gerne.)

ODER

John: **Are you free after the conference Peter? I'm going into town if you'd like to join me.**
(Haben Sie nach der Konferenz Zeit, Peter? Ich fahre in die Stadt, vielleicht möchten Sie mitkommen.)

Peter: **Thanks John that would be great!**
(Danke John, das wäre toll.)

Einladungen ablehnen

Natürlich werden Sie nicht jede Einladung annehmen wollen oder können. Wenn Sie eine Einladung ablehnen, sollten Sie die richtigen Worte finden, um höflich abzusagen.

In der englischsprachigen Welt ist es üblich, einen Grund anzugeben, warum Sie an etwas nicht teilnehmen oder etwas nicht tun können – ein einfaches „Nein danke" könnte als unfreundlich oder unhöflich angesehen werden. Es ist wichtig, höflich zu sein, wenn Sie eine Einladung ablehnen. Das heißt, auf eine Frage wie ***Are you doing anything this evening? A couple of us are going to watch the football after work if you'd like to come.*** (Haben Sie heute Abend schon etwas vor? Ein paar Leute von uns gehen nach der Arbeit Fußball schauen, falls Sie mitkommen möchten.) können Sie Folgendes antworten:

- ***That's very kind of you, but actually I'm doing something else tonight.***
  (Das ist sehr nett von Ihnen, aber ich habe heute Abend schon etwas anderes vor.)
- ***I'd like to/love to but I've got something else on.***
  (Danke für die Einladung/Ich würde gerne mitkommen, aber ich habe schon etwas anderes vor.)
- ***I really don't think I can – I've planned something else for this evening.***
  (Ich kann leider wirklich nicht mitkommen – ich habe schon etwas anderes für heute Abend geplant.)

Weitere Redewendungen, um eine Einladung höflich abzulehnen:

- ***Did you say ...? That's a shame, I ...***
  (Sagten Sie ...? Wie schade, ich ...)
- ***It's such a shame but ...***
  (Das ist wirklich schade, aber ...)
- ***It's very kind of you to invite me, but ...***
  (Es ist wirklich nett von Ihnen, dass Sie mich einladen, aber ...)

- *I'm afraid I can't make it on ...*
  (Leider kann ich am ... nicht ...)
- *Unfortunately ...*
  (Leider ...)

Wie Sie eine Einladung persönlich ablehnen, sehen Sie im Folgenden anhand eines Beispiels.

BEISPIEL

John:	**Would you like to join us for lunch today Mary? We're going to the Italian restaurant on Regent Street** *(Möchten Sie heute mit uns zum Mittagessen gehen, Mary? Wir gehen in das italienische Restaurant in der Regent Street.)*
Mary:	**Thanks John. I'd love to, but I've got a meeting that starts at one o'clock.** *(Danke John. Ich würde gerne mitkommen, aber ich habe um 13 Uhr eine Besprechung.)*
ODER	
John:	**Are you free after the conference Peter? I'm going into town if you'd like to join me.** *(Haben Sie nach der Konferenz Zeit, Peter? Ich fahre in die Stadt, vielleicht möchten Sie mitkommen.)*
Peter:	**Thanks John but I'm sorry I can't. I have to get to the airport.** *(Danke John, ich kann leider nicht mitkommen. Ich muss zum Flughafen.)*

Eine Absage annehmen

- *Never mind. Another time, perhaps.*
  (Schon in Ordnung. Vielleicht ein anderes Mal.)
- *That's a shame/pity.*
  (Das ist aber schade/Wie schade.)
- *That's okay, I understand.*
  (Schon okay, das verstehe ich.)
- *Okay – not to worry.*
  (Okay – kein Problem.)

Eine Alternative vorschlagen

- *I'm free the rest of the week but not on …*
  (Ich habe bis auf … diese Woche noch nichts vor.)
- *I'm travelling/in a meeting/on a conference call then.*
  How about …?/Could we make it …?/How about
  rescheduling?
  (Ich bin zu diesem Zeitpunkt verreist/in einer
  Besprechung/in einer Telefonkonferenz. Wie wäre es
  mit …?/Ginge es am …?/Könnten wir das verschieben?)
- *Thank you for your invitation, but I can't make it this*
  week/this time. How about next week/next Thursday?
  (Danke für Ihre Einladung, aber diese Woche/dieses Mal
  kann ich nicht. Wie wäre es nächste Woche/nächsten
  Donnerstag?)
- *Thanks, but how about …?*
  (Danke, aber wie wäre es mit …?)

Wenn Sie eine Einladung ablehnen und eine Alternative vorschlagen, kann dies wie im folgenden Beispiel aussehen:

BEISPIEL

John:
Can you join us for the Wednesday morning management meeting Roberto? You can give everyone an update on how things are going in Italy.
(Können Sie an der Managementsitzung am Mittwochmorgen teilnehmen, Roberto? Dabei können Sie alle auf den neuesten Stand über das Geschäft in Italien bringen.)

Roberto:
Thanks John, but I'm in Milan on Wednesday so I won't be able to make it. How about the following week?
(Danke John, aber ich bin am Mittwoch in Mailand und kann daher nicht teilnehmen. Wie sieht es in der darauf folgenden Woche aus?)

John:
That's a shame. Okay, let's look into doing it the week after.
(Wie schade. Gut, dann schauen wir mal, wie es in der darauf folgenden Woche aussieht.)

Wenn jemand Ihre Einladung annimmt, dann können Sie mit einem der folgenden Sätze antworten:

- *Great. See you there. / See you then.*
  (Toll. Wir sehen uns dort. / Bis dann.)
- *I'm so glad you can come.*
  (Ich freue mich sehr, dass Sie kommen können.)
- *Wonderful – look forward to seeing you there.*
  (Wunderbar – ich freue mich, Sie dort zu sehen.)

Hinweis: Die Abkürzung **RSVP** ist abgeleitet aus dem Französischen „répondez, s'il vous plaît", was soviel heißt wie „Antworten Sie bitte." Die Abkürzung wird nie ausgeschrieben und bedeutet soviel wie „u. A. w. g." (um Antwort wird gebeten) auf Deutsch.

Gespräche führen

Small Talk

In jedem Land gibt es Small Talk (heutzutage oft als „Networking" bezeichnet), aber in jedem Land sind die Small-Talk-Regeln anders. Neben den Themen, über die gesprochen werden darf, beeinflussen auch viele – leider meistens ungeschriebene – Regeln diese Gespräche, u. a. in Bezug auf die Redelänge, die Fragen, ob und wie unterbrochen werden darf, wer als Nächster reden darf usw.

In angelsächsischen Ländern funktioniert Small Talk mehr oder weniger mit einem sogenannten **„Answer-, Add-, Ask-System"** (beantworten, ergänzen, fragen). Im Folgenden finden Sie ein Beispiel dazu.
Zum Hintergrund: Roberto und Mary sind Kollegen, die sich noch nicht gut kennen, weil Mary erst vor Kurzem in der Firma angefangen hat. Sie treffen sich am Freitagvormittag beim Kaffeeautomaten.

Mary beantwortet nicht nur Robertos Small-Talk-Frage, sie liefert außerdem noch zusätzliche Informationen und zeigt mit ihrer Frage an, dass Roberto jetzt an der Reihe ist.

Hier sind weitere Beispielfragen, die Sie in einer vergleichbaren Situation verwenden können:

- **Are you looking forward to the weekend?**
  (Freuen Sie sich auf das Wochenende?)
- **Did you have a good weekend?**
  (Hatten Sie ein schönes Wochenende?)
- **Have you seen much of the city yet?**
  (Haben Sie die Stadt schon erkunden können?)
- **Have you settled in yet?**
  (Fühlen Sie sich hier schon zu Hause?)
- **Where were you based before you came here?**
  (Wo haben Sie vorher gelebt / gearbeitet?)
- **How have your first few days / weeks been?**
  (Wie waren Ihre ersten Tage / Wochen?)

Small-Talk-Themen

Auch die Small-Talk-Themen sind je nach Kultur unterschiedlich. In angelsächsischen Ländern sind folgende Themen meistens unverfänglich: das Wetter, Freizeitaktivitäten, Sport, Kultur (z. B. Kino, Theater usw.), Urlaub, Familie, Ihre Fahrt ins Büro / zur Konferenz. Das Thema Small Talk in E-Mails finden Sie im Abschnitt „E-Mails beginnen".

Hier sind einige Fragen, die Sie zu den vorgeschlagenen Themen stellen könnten:

- *Really cold this morning, isn't it?*
  (Echt kalt heute Morgen, oder?)
- *How's your family / wife / husband?*
  (Wie geht es Ihrer Familie / Frau / Ihrem Mann?)
- *Where are you planning to go on holiday?*
  (Wo werden Sie Urlaub machen?)
- *Have you seen the latest James Bond movie?*
  (Haben Sie den neuesten James Bond gesehen?)
- *How do you keep fit?*
  (Wie halten Sie sich fit?)
- *How was your holiday / weekend?*
  (Wie war Ihr Urlaub / Wochenende?)
- *What did you do at the weekend?*
  (Was haben Sie am Wochenende gemacht?)

- **How was your journey?**
  (Wie war Ihre Fahrt?)
- **Wasn't the traffic awful this morning?**
  (Der Verkehr war schrecklich heute Morgen, oder?)
- **I hope your journey to work this morning wasn't as bad as mine.**
  (Hoffentlich war Ihre Fahrt ins Büro heute Morgen nicht so schlimm wie meine.)

Ein einfaches **How are you today?** reicht auch – aber erwarten Sie nicht unbedingt eine ehrliche Antwort von einem Angelsachsen. Sie sprechen meistens nicht gerne über Krankheiten – und wollen auch nicht unbedingt die letzten Details über Ihre Krankheit erfahren. Bleiben Sie hier besser etwas oberflächlich.

Denken Sie daran: Sie können beeinflussen, worüber gesprochen wird, indem Sie überlegen welche zusätzlichen Informationen Sie von sich preisgeben und welche Fragen Sie stellen möchten.

Sich bedanken
Wenn Sie sich bedanken, können Sie Folgendes sagen:
- **Many thanks.**
  (Vielen Dank.)
- **Cheers.**
  (Danke.)

Wenn sich eine Person bei Ihnen bedankt, können Sie verschiedene Sätze als Antwort geben:
- **No problem.**
  (Kein Problem.)
- **Happy to help.**
  (Ich freue mich, dass ich behilflich sein konnte.)
- **Don't mention it.**
  (Keine Ursache.)

Sich verabschieden

Irgendwann ist jeder Small Talk zu Ende. Es gibt im Englischen bestimmte Floskeln, die Ihrem Gesprächspartner andeuten, dass das Gespräch beendet ist. Hier einige Beispiele:

- *Sorry, I must go now. See you soon.*
  (Entschuldigen Sie bitte, ich muss los. Wir sehen uns bald.)
- *Well, must be getting on. It's been nice chatting. Give my regards to your wife / husband / family.*
  (Ich muss leider weitermachen. Schön, dass wir uns kurz unterhalten konnten. Grüßen Sie bitte Ihre Frau / Familie / Ihren Mann.)
- *Say hello to your wife / husband from me.*
  (Grüßen Sie bitte Ihre Frau / Ihren Mann von mir.)
- *Great to chat. Hope to catch up again sometime soon.*
  (Es war schön, mit Ihnen zu plaudern. Hoffentlich wiederholen wir das bald.)
- *Really sorry, but I'm in a bit of a hurry at the moment. Do you have any time next week? Perhaps we could meet up for a coffee?*
  (Es tut mir leid, aber ich habe es gerade etwas eilig. Haben Sie nächste Woche etwas Zeit? Vielleicht können wir uns auf einen Kaffee treffen?)
- *Take care.*
  (Passen Sie auf sich auf.)
- *Have a nice day / week / weekend.*
  (Ich wünsche Ihnen einen schönen Tag / eine schöne Woche / ein schönes Wochenende.)

Verständnisprobleme

- *I'm sorry, I didn't quite catch what you said.*
  (Es tut mir leid, ich habe nicht ganz verstanden,
  was Sie meinten.)
- *Would you mind repeating that?*
  (Könnten Sie das bitte wiederholen?)
- *What does tacit mean?*
  (Was bedeutet *tacit*?)

Ein Wort zur Höflichkeit

Im Englischen gibt es bekannterweise keinen Unterschied zwischen Du und Sie. Jeder wird mit *you* angesprochen. Eigentlich gestaltet diese Tatsache Gespräche einfacher, aber dafür gibt es größere Unsicherheit bei der Verwendung von Vor- bzw. Nachnamen. Viele internationale Firmen haben hier ihre eigenen Regeln – vielleicht auch Ihre Firma. Danach sollten Sie sich richten, wenn Sie z. B. Kollegen, Mitarbeiter oder Vorgesetzte ansprechen. Wenn Sie keine firmeninternen Regeln kennen, wird meistens in einem Gespräch auf Englisch unter Kollegen der Vorname gebraucht, oft auch bei direkten Vorgesetzten. Je höher jedoch der Vorgesetztenrang, umso wahrscheinlicher ist die Verwendung des Nachnamens. Hier sollten Sie immer warten, bis Ihnen explizit das Du angeboten wird (z. B. *Please call me Alison*), bevor Sie zum Vornamen wechseln. Verwenden Sie vorher z. B. *Ms Smith*. Bei Frauen verwenden Sie die Anrede *Ms* (ausgesprochen als \'miz\), wenn Sie nicht sicher sind, ob Ihr Gegenüber verheiratet ist.

Weitere nützliche Vokabeln

Allgemeine Bürobegriffe	
atmosphere at work	Betriebsklima
canteen/cafeteria	Kantine
to chat	plaudern
to gossip	tratschen
he's been demoted	er wurde zurückgestuft
he's been promoted	er wurde befördert
lunch break	Mittagspause
part-time	Teilzeit
predecessor	Vorgänger
promotion	Beförderung
successor	Nachfolger
Zu Dienstreisen/Fahrten	
flight	Flug
journey	Fahrt
parking lot/car park	Parkplatz
parking space	Parklücke
traffic	Verkehr
Zum Essen	
Cheers	Prost
cutlery	Besteck
delicious	lecker
dessert	Nachtisch
host/hostess	Gastgeber/-in
hot	heiß
I'm full	ich bin satt

I've had enough, thanks	ich kann nicht mehr, danke
main course	Hauptgericht
meal	Essen

Zur Familie

brother-in-law	Schwager
granddaughter	Enkelin
grandson	Enkel
husband	Ehemann
mother-in-law	Schwiegermutter
relations	Verwandte
single mum/dad	alleinerziehende/-r Mutter/Vater
wife	Ehefrau

Zu Hobbys/Freizeit

to collect	sammeln
to fish	angeln
free time	Freizeit
hiking	wandern
musical instrument	Musikinstrument
pastime/hobby	Hobby
to relax	sich erholen
voluntary work	ehrenamtliche Arbeit

Zum Urlaub

accommodation	Unterkunft
cruise	Kreuzfahrt
to hike	wandern
package tour	Pauschalreise
travel agent	Reisebüro
vacation	Urlaub

Zum Wetter	
calm	windstill
cloudy	bewölkt
cold	kalt
drizzle	Nieselregen
fog	Nebel
hail	Hagel
hot	heiß
humid	feucht
lightning	Blitz
snow	Schnee
thunderstorm	Gewitter
windy	windig

Über Ihre Arbeit und Firma

Wenn Sie mit jemandem über Ihre Arbeit oder Firma sprechen, findet das Gespräch fast immer als Frage-Antwort-Gespräch statt. In diesem Unterkapitel finden Sie Fragen, die Sie Ihrem Gesprächspartner beim Small Talk zum Thema „Arbeit und Firma" stellen können, sowie mögliche Antworten, die Sie geben können, wenn Sie zu Ihrer Arbeit befragt werden. Bleiben Sie vorerst etwas oberflächlich in Ihrer Beschreibung. Falls Ihr Gesprächspartner sich für Ihre Arbeit oder Firma interessiert, wird er weitere Fragen stellen.

Ihre Arbeit

Mögliche Fragen (Was machen Sie beruflich?):

- *What's your job?*
- *What do you do?*
- *How do you earn your living?*

Mögliche Antworten:

- *I'm responsible for ... / I'm in charge of ... / I deal with ...*
  (Ich bin zuständig für ...)
- *I take care of ...*
  (Ich kümmere mich um ...)
- *I'm involved in ...*
  (Ich beschäftige mich mit ...)
- *My job is to ...*
  (Meine Arbeit beinhaltet ...)
- *I supervise ...*
  (Ich betreue ...)
- *I'm in finance / human relations / sales.*
  (Ich arbeite im Finanzbereich / Personalbereich / Verkauf.)
- *I work in the financial services industry.*
  (Ich arbeite im Finanzdienstleistungssektor.)

UNSER TIPP

Es ist besser, Sie beschreiben, was Sie machen und vermeiden es, Ihre Berufsbezeichung bzw. Ausbildung zu nennen. Es fällt Ihrem Gesprächspartner dann leichter, das Gespräch mit einer zweiten Frage fortzusetzen.

Weiterführende Fragen und Antworten

Frage:

What does that involve?
(Was heißt das genau?)

Antworten:

- *I handle ... (all customer requests).*
  (Ich bearbeite/beschäftige mich mit ... (allen Kundenanfragen).)
- *One of my tasks is to ... (deal with complaints).*
  (Eine meiner Aufgaben ist ... (Beschwerdemanagement).)
- *My main task involves ... (writing the German web pages).*
  (Mein Hauptaufgabe beinhaltet ... (das Schreiben der deutschsprachigen Webseiten).)
- *I mainly ... (organize the department's activities).*
  (Hauptsächlich ... (organisiere ich die Abteilungstermine).)

Frage:

Where do you work?/Where are you based?
(Wo arbeiten Sie?/An welchem Standort arbeiten Sie?)

Antworten:

- *I work in ... (Cologne).*
  (Ich arbeite in ... (Köln).)
- *I'm working at the headquarters in ... (Cologne).*
  (Ich arbeite in der Zentrale in ... (Köln).)
- *I'm based in ... (Cologne).*
  (Ich arbeite in ... (Köln).)

Frage:

What's your background?
(Welchen beruflichen Hintergrund haben Sie?)

Antwort:

Well, I started out working as a tool-maker, but I then studied engineering and I've been working as a project manager for the company ever since.
(Also, zuerst habe ich als Werkzeugmacher gearbeitet, absolvierte aber dann ein Ingenieurstudium und arbeite seitdem bei der Firma als Projektmanager.)

Über die Arbeitszeit reden

- *I work part-time / full time.*
  (Ich arbeite Teilzeit / Vollzeit.)
- *I'm self-employed / freelance.*
  (Ich bin freiberuflich tätig.)
- *I do a lot of overtime.*
  (Ich mache viele Überstunden.)
- *I sometimes work at the weekend.*
  (Ich arbeite manchmal am Wochenende.)
- *I work shifts.*
  (Ich habe Schichtarbeit.)

Wenn Sie nur vorübergehend irgendwo arbeiten

- *I'm filling in for ... (Person).*
  (Ich springe ein für ...)
- *I'm temporarily working at / in ...*
  (Ich bin vorübergehend bei ... (Firma) / in (Abteilung) ...
  beschäftigt.)
- *I currently have a limited contract at Fallway, but I'm
  under permanent contract to Edgeware.*
  (Zurzeit habe ich einen Zeitvertrag bei Fallway, aber ich
  habe einen festen Vertrag mit Edgeware.)

Folgendermaßen könnte ein Dialog über Ihre Arbeit aussehen.
Zum Hintergrund: Roberto und Mary arbeiten für dieselbe Firma,
kennen sich aber noch nicht. Sie treffen sich auf einer Jahres-
konferenz.

Roberto:	**Hi, I'm Roberto, Roberto Violetti from the international marketing department. Where are you from?**
	(Hallo, ich bin Roberto, Roberto Violetti von der internationalen Marketing-Abteilung. Wo arbeiten Sie?)
Mary:	**Oh, hi. I'm Mary, Mary Johnstone. I'm working in finance at the London office.**
	(Hallo, ich bin Mary, Mary Johnstone. Ich arbeite in der Finanzabteilung in London.)
Roberto:	**Oh, what do you do there exactly?**
	(Ah, was machen Sie dort genau?)
Mary:	**I'm responsible for accounting in Western Europe. A challenging job, but I enjoy it. What are you mainly working on?**
	(Ich bin zuständig für Rechnungswesen in Westeuropa. Die Arbeit ist eine Herausforderung, aber es macht mir Spaß. Woran arbeiten Sie hauptsächlich?)
Roberto:	**Well, I'm taking care of the markets in Eastern Europe. It's a new area for us, so I'm finding that challenging too. I've had to move to Prague for the job. Have you ever been there?**
	(Also, ich kümmere mich um die osteuropäischen Märkte. Dies ist Neuland für uns und deshalb empfinde ich es auch als Herausforderung. Ich musste für die Stelle nach Prag ziehen. Waren Sie schon mal dort?)
Mary:	**No, not yet. Perhaps I'll have the opportunity to come one day. If so,**

	I'll get in touch, but for now I've got to fly. I'm holding a talk in the next session and have to get ready.
	(Nein, noch nicht. Vielleicht ergibt sich mal die Gelegenheit. Falls ja, melde ich mich. Aber jetzt muss ich mich beeilen. Ich muss die nächste Rede halten und muss mich noch darauf vorbereiten.)
Roberto:	*Well it's been great meeting you. Do let me know if you ever come to Prague and we'll meet up.*
	(Also, es war schön, Sie kennenzulernen. Lassen Sie es mich wissen, falls Sie nach Prag kommen, damit wir uns verabreden können.)
Mary:	*Yes, hope to see you soon then. Bye.*
	(Ja, hoffentlich sehen wir uns dann bald. Auf Wiedersehen.)
Roberto:	*Bye.*
	(Auf Wiedersehen.)

UNSER TIPP

Achten Sie besonders auf die Präpositionen, die Sie in einem Satz über Ihre Arbeit verwenden. Sie müssen hierbei genau differenzieren, worüber Sie sprechen:

- **I work** for (company). (Ich arbeite für (Firma).)
- **I work** in (department) at (company).
  (Ich arbeite in (Abteilung) bei (Firma).)
- **I work** with (person).
  (Ich arbeite mit (Person).)
- **I am working** on (a project). (Ich arbeite am (Projekt).)

Ihre Firma

Frage:

>*What does your company do?*
>(Was macht Ihre Firma?)

Antwort:

>*We sell / produce / deliver / create / specialize in …*
>(Wir verkaufen / produzieren / liefern / entwicklen /
>haben uns spezialisiert auf …)

Frage:

>*Where are your headquarters?*
>(Wo ist Ihre Firmenzentrale?)

Antwort:

>*The headquarters is based / located in …*
>(Die Firmenzentrale befindet sich in …)

Frage:

>*How old is your company /*
>*When was your company founded?*
>(Wie alt ist Ihre Firma /
>Wann wurde Ihre Firma gegründet?)

Antwort:

>*The company was founded / created / established /*
>*set up in …*
>(Die Firma wurde … gegründet.)

Im Folgenden finden Sie ein Beispiel, wie ein Dialog über Ihre Firma aussehen könnte. Zum Hintergrund: Roberto muss Kontakt zu jemandem im Vertrieb in Marys Firma aufbauen, weiß aber nicht genau mit wem. Er bittet Mary um Auskunft über die Organisation der Firma.

BEISPIEL

Roberto:
Hello, my name is Roberto Violetti from HeRW. I was wondering whether you could help me get in touch with the person responsible for sales in Eastern Europe.
(Hallo, ich heiße Roberto Violetti von HeRW. Könnten Sie mir vielleicht helfen, mit der zuständigen Person für den Vertrieb in Osteuropa in Kontakt zu treten?)

Mary:
Good morning, I'm Mary, Mary Johnstone. I'm not quite sure who is responsible for sales in Eastern Europe. They'll be working within the sales department. That's part of the sales and marketing division.
(Guten Morgen. Ich bin Mary, Mary Johnstone. Ich bin nicht ganz sicher, wer für den Vertrieb in Osteuropa zuständig ist. Die Person wird innerhalb der Vertriebsabteilung arbeiten. Die gehört zum Marketing- und Vertriebsbereich.)

Roberto:
So, are you suggesting I get in touch with the head of the sales and marketing division?
(Also schlagen Sie vor, dass ich mich mit dem Leiter des Marketing- und Vertriebsbereichs in Verbindung setzen sollte?)

Mary:	*That might be a good idea. The only other divisions we have are production and logistics. I don't think either of them would be suitable. Head of sales and marketing is Daniel Rochard. He should be able to tell you who to talk to.*
	(Das wäre vermutlich am besten. Wir haben sonst nur die Bereiche Produktion und Logistik. Ich glaube nicht, dass es in diesen Bereichen einen geeigneten Ansprechpartner gibt. Daniel Rochard ist Leiter des Marketing- und Vertriebsbereichs. Er kann Ihnen wahrscheinlich sagen, mit wem Sie sprechen müssen.)
Roberto:	*And if I can't reach him, who do you suggest?*
	(Und wenn ich ihn nicht erreichen kann, wen schlagen Sie vor?)
Mary:	*Well, I'd try his second-in-command Anne Purdue. She's been in the company a long time. She'll probably know.*
	(Also, ich würde es bei seiner stellvertretenden Geschäftsführerin Anne Purdue versuchen. Sie arbeitet schon lange in der Firma. Sie wird das wahrscheinlich auch wissen.)
Roberto:	*That's great, I'm sure I'll find someone. Many thanks for your help.*
	(Großartig. Ich bin sicher, ich werde jemanden finden. Vielen Dank.)

Im Folgenden finden Sie ein Beispiel, wie Sie schriftlich Auskunft über eine Firma erhalten können. Zum Hintergrund: Roberto soll Kontakt zu jemandem im Vertrieb aus Marys Firma aufbauen, weiß aber nicht genau zu wem. Er bittet eine Mitarbeiterin bzw. einen Mitarbeiter aus der Firma, die/der ihm nicht bekannt ist, um Auskunft über die Organisation der Firma.

BEISPIEL

Subject: Contact to head of sales Eastern Europe

Dear Sir / Madam,

I am working for the pharmaceutical company HeRW Inc where I am currently in charge of marketing in Eastern Europe. I would like to get in touch with the person responsible for sales in Eastern Europe. Could you provide me with a possible contact and with some information about how your company is organized?

Thanking you in advance.
Roberto Violetti

(Betreff: Kontakt mit dem Vertriebsleiter Osteuropa

Sehr geehrte Damen und Herren,

ich arbeite für das pharmazeutische Unternehmen HeRW Inc und bin zuständig für das Marketing in Osteuropa. Ich möchte gerne Kontakt mit dem zuständigen Vertriebsleiter Ihrer Firma für Osteuropa aufnehmen. Könnten Sie mir sowohl entsprechende Kontaktdaten als auch Informationen über den Aufbau Ihrer Firma zukommen lassen?

Vielen Dank im Voraus.

Mit freundlichen Grüßen
Roberto Violetti)

Re: Contact to head of sales Eastern Europe

Dear Mr Violetti,

Thank you for your enquiry into the head of sales for Eastern Europe. We do not currently have someone who exactly fits your requirements. I suggest you contact Mr Daniel Rochard, the head of the sales and marketing division, which includes the sales department. He should be able to help you. I have included him as cc in this mail.

For your information I have attached an organisational chart of our company.

Kind regards
Mary Johnstone

(Sehr geehrter Herr Violetti,

vielen Dank für Ihre Anfrage bezüglich unseres Vertriebsleiters für Osteuropa. Zurzeit gibt es niemanden, der exakt Ihrer Beschreibung entspricht. Ich schlage vor, dass Sie Herrn Daniel Rochard kontaktieren. Er ist Leiter des Marketing- und Vertriebsbereiches, in dem die Vertriebsabteilung untergebracht ist, und wird Ihnen wahrscheinlich helfen können. Ich habe ihn in dieser E-Mail cc gesetzt.

Ich habe Ihnen zu Ihrer Information unser Firmenorganigramm angehängt.

Mit freundlichen Grüßen
Mary Johnstone)

Weitere nützliche Vokabeln

Abteilungen / Bereiche	
advertising	Werbung
customer accounts	Kundenbetreuung
distribution / logistics	Logistik
finance	Finanzen
HR / personnel	Personal
import / export	Import / Export
IT	EDV
legal department	Rechtsabteilung
maintenance	Wartung
marketing	Marketing
packaging	Verpackung
public relations (PR)	Öffentlichkeitsarbeit
purchasing / procurement	Einkauf
quality control	Qualitätskontrolle
R and D	Forschung und Entwicklung
sales	Vertrieb
training	Schulungsbereich
Allgemein	
board of directors	Vorstand
boss	Chef
branch	Filiale / Nebenstelle
colleague	Kollege / Kollegin
factory	Fabrik
management – junior / middle / senior	Führungskraft – untere, mittlere, obere Ebene
pensions	Rente / Pension

salary	Gehalt
service	Dienstleistung
shift work	Schichtarbeit
subsidiary	Tochtergesellschaft
wage	Lohn
Berufsbezeichnungen / Stellenbeschreibung	
accountant	Buchhalter
chairperson	Vorsitzender
chief clerk	Büroleiter
chief financial officer (CFO)	Finanzchef
engineer	Ingenieur
junior clerk	Büroleiter
managing director (MD) / chief executive officer (CEO)	Geschäftsführer
PA (Personal Assistant)	Persönlicher Assistent / Chefsekretärin
purchasing manager	Einkaufsmanager
receptionist	Empfangssekretär
sales rep	Verkäufer / Vertreter
secretary	Sekretärin
wages clerk	Lohnbuchhalter

Hinweise zu Internetseiten mit weiteren Berufsbezeichnungen finden Sie in der Linkliste im Literaturverzeichnis („Links zum Thema").

Je nachdem, was Ihre Arbeit beinhaltet oder Ihre Firma macht, benötigen Sie unterschiedliche Verben, um Ihre Arbeit möglichst genau beschreiben zu können.

Arbeit in einem Büro	
manage	regeln
organize	organisieren
supervise	verwalten / beaufsichtigen

Bildungs- oder Pflegetätigkeit	
help	unterstützen
look after	sich kümmern um
teach	unterrichten
train	aus- / weiterbilden

Finanz- und Planungsaufgaben	
analyze	analysieren
assess	beurteilen
evaluate	evaluieren
plan	planen
prepare	vorbereiten
work out	ausarbeiten

Kommunikationsaufgaben	
attend / have meetings	an einer Besprechung teilnehmen
listen to	zuhören
meet	treffen
phone	telefonieren
talk	reden
write	schreiben

Konstruktion, Technologie	
build	bauen
check	kontrollieren
design	entwerfen

develop	entwickeln
program	programmieren
repair	reparieren
test	prüfen
Logistik	
deliver	liefern
drive	fahren
transport	transportieren
Verkauf und Marketing	
buy	einkaufen
export	exportieren
import	importieren
market	vertreiben
sell	verkaufen

Hinweis: Wenn Sie über Ihre Arbeit oder Firma sprechen, gibt es zwei **False Friends** (falsche Freunde), die oft zu Verwirrung führen können:

- **Kontrollieren**
  Im Englischen sollten Sie **to check** verwenden und nicht **to control**. **To control** bedeutet die Kontrolle über etwas zu haben. **To check** hat eher die Bedeutung von durchsehen oder nachprüfen.

- **Tabelle**
  Wenn sie von Excel oder ähnlichen Tabellen reden, verwenden die Angelsachsen meistens das Wort **spreadsheet** und nicht **table**.

Während Besprechungen

Besprechungen haben einige Sondervokabeln, aber viele Ausdrücke, die Sie im Kapitel „Alltagsaufgaben erledigen" finden, können auch während Besprechungen verwendet werden. Haben Sie keine Angst vor Besprechungen. Sie müssen nicht unbedingt einen langen Beitrag zum Gespräch liefern. Die anderen Teilnehmer freuen sich u. U., wenn weniger gesagt wird und die Besprechungen dadurch nicht so lange dauern.

In internationalen Unternehmen finden viele Besprechungen als Konferenzgespräch (**conference call**) statt. Wegen der Zeitverschiebung kann dieses Gespräch zu ungewöhnlichen Zeiten stattfinden. Vielleicht können Ihnen dabei auch einige Ausdrücke helfen, die Sie bereits im Unterkapitel „Am Telefon" gelernt haben (insbesondere der Abschnitt „Telefonkonferenzen").

Falls Sie während einer Besprechung eine Präsentation halten müssen, gibt es hierzu im Internet viele Links mit nützlichen Ausdrücken. Einige davon finden Sie im Literaturverzeichnis dieses Buches unter „Links zum Thema".

UNSER TIPP

In Besprechungen ist es oft besonders wichtig, wie Sie etwas sagen. Versuchen Sie höflich zu bleiben. Manchmal erreichen Sie mehr mit einer höflich formulierten Frage als mit einer direkten Herangehensweise. Fragen Sie beispielsweise höflich **Could we reschedule the meeting?** *(Könnten wir die Besprechung vertagen?), anstatt* **We have to reschedule the meeting** *(Wir müssen die Besprechung vertagen.). Viele der angegebenen Ausdrücke sind deshalb als Frage formuliert.*

Wenn Sie die anderen Besprechungsteilnehmer noch nicht kennen, müssen Sie sich meistens kurz vorstellen. Die notwendigen Ausdrücke hierfür finden Sie in dem entsprechenden Abschnitt „Sich vorstellen".

Eine Besprechung beginnen

- *Right, as everyone is here, let's get started.*
  (Also, da nun alle da sind, lassen Sie uns anfangen.)
- *Good morning everyone. I'm pleased to see you.*
  Let's get going.
  (Guten Morgen alle zusammen. Es freut mich,
  dass Sie hier sind. Lassen Sie uns anfangen.)
- *Does everyone have the agenda?*
  (Haben alle die Agenda?)
- *Welcome everyone. I'd suggest we start now so that we*
  can finish on time.
  (Willkommen. Ich schlage vor, dass wir jetzt anfangen,
  damit wir rechtzeitig fertig werden.)
- *Anyone missing? No, then let's start.*
  (Fehlt jemand? Nein, dann lassen Sie uns beginnen.)

Eine Besprechung beenden

Möchten Sie eine Besprechung allmählich beenden und dies den Gesprächsteilnehmern deutlich machen, können Ihnen folgende Sätze behilflich sein:

- *If anyone has any questions about anything we discussed today, feel free to call or send me an e-mail.*
  (Falls jemand eine Frage zu dem hat, was wir heute diskutiert haben, können Sie mich gerne anrufen oder mir eine E-Mail schicken.)
- *The minutes from today's meeting will be available as of tomorrow afternoon.*
  (Das Besprechungsprotokoll von heute wird ab morgen Nachmittag zur Verfügung stehen.)
- *I'll send out a group e-mail with the minutes.*
  (Ich werde das Protokoll als E-Mail-Anhang an alle verschicken.)

Zum tatsächlichen Beenden einer Besprechung dienen Ihnen folgende Ausdrucksweisen:

- *That about sums everything up. See you all next week.*
  (Damit ist wohl alles erledigt. Wir sehen uns nächste Woche.)
- *I'm sorry to interrupt but we really must finish soon.*
  (Entschuldigen Sie, dass ich hier unterbreche, aber wir müssen wirklich bald zum Ende kommen.)
- *It looks as if we've covered everything and can finish now.*
  (Es sieht so aus, als ob wir alles erledigt haben und jetzt zum Ende kommen können.)
- *I guess that will be all for today.*
  (Ich glaube, das wäre alles für heute.)
- *We're going to have to cut this meeting short.*
  (Wir müssen diese Besprechung leider abbrechen.)

- *We unfortunately have to adjourn the meeting here, because time has run out.*
  (Wir müssen die Besprechung leider an dieser Stelle abbrechen, da wir keine Zeit mehr haben.)
- *That's all for today. See you next month.*
  (Das wäre es für heute. Wir sehen uns nächsten Monat.)
- *That's it then. Before you leave could you make sure you have everything with you.*
  (Das wäre es dann. Bevor Sie gehen, achten Sie bitte darauf, dass Sie alles bei sich haben.)

Einen Beitrag zu einer Besprechung leisten

Eine Meinung äußern

- *In my opinion ...*
  (Meiner Meinung nach ...)
- *As far as I can see ...*
  (Soweit ich das beurteilen kann ...)
- *I think that ...*
  (Ich glaube, dass ...)

Eine Meinungsäußerung vermeiden

- *I've never given it much thought.*
  (Ich habe nie besonders viel darüber nachgedacht.)
- *I don't really care.*
  (Es ist mir ziemlich egal.)
- *I don't really know what to say.*
  (Ich weiß nicht wirklich, was ich sagen soll.)
- *It doesn't make much difference to me either way.*
  (Mir sind beide Alternativen recht.)

Ein Missverständnis klären

- *Could you possibly clarify what you mean?*
  (Könnten Sie bitte etwas genauer werden?)
- *I'm sorry, I haven't quite understood you. Could you repeat that please?*
  (Bitte entschuldigen Sie, ich habe Sie nicht ganz verstanden. Könnten Sie das bitte wiederholen?)
- *Sorry, I think you misunderstood what I meant.*
  (Entschuldigen Sie bitte. Ich glaube, Sie haben mich nicht richtig verstanden.)

Verallgemeinern

- *Generally speaking ...*
  (Allgemein gesagt ...)
- *On the whole ...*
  (Im Allgemeinen ...)
- *By and large ...*
  (Im Großen und Ganzen ...)

Unterbrechen

- *Excuse me for interrupting.*
  (Entschuldigen Sie bitte die Unterbrechung.)
- *I'd like to say something here.*
  (Ich würde an dieser Stelle gerne etwas sagen.)

Widersprechen

- *Unfortunately, I see things differently.*
  (Leider sehe ich die Sache etwas anders.)
- *I'm afraid that's not quite right.*
  (Leider ist das nicht ganz richtig.)
- *I don't think you're quite right here.*
  (Ich glaube, Sie sehen die Sache nicht ganz richtig.)
- *Actually, I think you may have that wrong.*
  (Meiner Meinung nach liegen Sie vielleicht falsch.)

- *You could be right, but I'm afraid I don't agree.*
  (Sie könnten recht haben, aber ich bin leider anderer Meinung.)
- *Actually, as a matter of fact, I think ...*
  (Eigentlich glaube ich wirklich, dass ...)

Etwas zur Wahl stellen
- *It's up to you.*
  (Sie dürfen entscheiden.)
- *The choice is yours.*
  (Die Entscheidung liegt bei Ihnen.)
- *It's fine by me if you want to ...*
  (Mir ist es recht, wenn Sie ...)

Erinnern
- *I'd like to remind you to ...*
  (Ich möchte Sie daran erinnern, dass ...)
- *May I please remind you ...*
  (Darf ich Sie bitte daran erinnern ...)

Ablehnen
- *No thank you. I'd rather not.*
  (Nein danke, lieber nicht.)
- *No, but thanks for asking.*
  (Nein, aber danke, dass Sie gefragt haben.)

Unkenntnis äußern
- *Sorry, I can't help you there.*
  (Es tut mir leid, da kann ich Ihnen nicht helfen.)
- *I'm afraid I have no idea.*
  (Ich habe leider keine Ahnung.)
- *Sorry, I don't know.*
  (Es tut mir leid, ich weiß es nicht.)

Weitere nützliche Vokabeln

AGM (Annual General Meeting)	jährliche Hauptversammlung
AOB (Any Other Business)	Verschiedenes / Sonstiges
appointment	Termin
face-to-face meeting	persönliches Treffen
the minutes	das Protokoll
participants	Teilnehmer
TBC (to be confirmed)	wird noch bestätigt
TBD (to be decided)	wird noch entschieden
to participate	teilnehmen
venue / location	Austragungsort

Bei Messen und Ausstellungen

Auch bei Messen und Ausstellungen wiederholen sich viele Ausdrücke, die Sie im Büroalltag verwenden. Jedoch gibt es einige Besonderheiten, beispielsweise spezielles Vokabular, das für Messen und Ausstellungen spezifisch ist.

Standbesucher begrüßen

- *Good morning/afternoon, can I help you in any way?*
  (Guten Morgen/Tag, kann ich Ihnen irgendwie behilflich sein?)
- *You're welcome to browse. Just ask if you have any questions.*
  (Sie können sich gerne umschauen. Fragen Sie einfach, falls Ihnen etwas nicht klar ist.)
- *Can I show you our product?*
  (Darf ich Ihnen unser Produkt zeigen/vorführen?)
- *Do you have any specific questions about our product/ services?*
  (Haben Sie bestimmte Fragen zu unseren Produkten/ Dienstleistungen?)

Produkt erklären

- *May I demonstrate our device/equipment?*
  (Darf ich Ihnen unser/-e Gerät/-e vorführen?)
- *Are you interested in a demonstration?*
  (Wären Sie an einer Vorführung interessiert?)
- *I have some samples here if you would like to see them.*
  (Ich habe einige Muster hier, falls Sie sie sehen wollen.)
- *We have some information on display here. Can I explain it to you?*
  (Wir präsentieren hier einige Informationen. Darf ich sie Ihnen erklären?)

Werbematerial verteilen

- *Could I interest you in a brochure/leaflet?*
  (Interessieren Sie sich für eine Broschüre?)
- *We have some advertising material. Would you be interested?*
  (Wir haben Werbematerial dazu. Haben Sie daran Interesse?)

Vereinbarungen treffen

- *When would it be convenient for us to contact/visit/talk to you?*
  (Wann könnten wir Sie am besten kontaktieren/besuchen/mit Ihnen reden?)
- *Would you like a rep to pay you a visit?*
  (Möchten Sie einen Besuch von einem unserer Vertreter?)
- *What would suit you best: if we visit you or you come to our sales rooms?*
  (Was ist Ihnen lieber: dass wir zu Ihnen kommen oder wollen Sie uns in unseren Verkaufsräumen besuchen?)

Standbesucher verabschieden

- *Thank you very much for your interest. Have a good day/evening.*
  (Vielen Dank für Ihr Interesse. Ich wünsche Ihnen einen schönen Tag/Abend.)
- *Good-bye, thank you for visiting us here. Let us know if we can help in any other way.*
  (Auf Wiedersehen. Vielen Dank, dass Sie uns besucht haben. Geben Sie Bescheid, falls wir irgendwie behilflich sein können.)

- *Could I give you my business card? Feel free to get in touch if you have any further questions.*
  (Darf ich Ihnen meine Visitenkarte geben? Melden Sie sich gerne, falls Sie weitere Fragen haben.)
- *It was good to talk to you. Don't hesitate to call me if you need to know any more.*
  (Danke für das gute Gespräch. Zögern Sie nicht, sich bei mir zu melden, falls Sie mehr wissen wollen.)

Messestand besuchen

Frage:

Do you have any leaflets about your products?
(Haben Sie Prospekte über Ihre Produkte?)

Antwort:

Yes, certainly. I'll just go and get them.
(Ja sicher. Ich gehe sie schnell holen.)

Frage:

Can you show me how this works?
(Könnten Sie mir zeigen, wie das hier funktioniert?)

Antwort:

But of course. I'd be delighted. What aspect interests you most?
(Aber natürlich, es würde mich freuen. Für welchen Aspekt interessieren Sie sich hauptsächlich?)

Frage:

Can you provide me with information about conditions for wholesalers?

(Können Sie mich über die Konditionen für den Großhandel aufklären?)

Antwort:

Sorry, I'm not the right person for that. Let me introduce you to Mrs Pollard, she's the main contact person for wholesalers.

(Es tut mir leid, dafür bin ich nicht der richtige Ansprechpartner. Darf ich Ihnen Frau Pollard vorstellen? Sie ist die Ansprechpartnerin für den Großhandel.)

Frage:

What makes your product better than that of ...?

(In welcher Hinsicht ist Ihr Produkt besser als das von ...?)

Antwort:

Well, we have a lot of features you won't find in other products. For example ...

(Also, wir haben viele Besonderheiten, die Sie bei anderen Produkten nicht finden werden. Zum Beispiel ...)

Frage:

What advantages do you see in your product?

(Welche Vorteile sehen Sie in Ihrem Produkt?)

Antwort:

If you compare our product to similar ones on the market, you'll see that we offer ...

(Wenn Sie unser Produkt mit ähnlichen Produkten auf dem Markt vergleichen, werden Sie sehen, dass wir ... anbieten.)

I'm interested in product XYZ.
Do you have it here at the exhibition?

(Ich interessiere mich für Produkt XYZ.
Haben Sie es hier auf der Messe ausgestellt?)

Unfortunately we don't have enough space here to show
all our products. If you have any questions, I may well be
able to answer them. We'd also be happy to send a rep to
your office so that she / he can discuss the product with
you in more detail.

(Leider haben wir nicht ausreichend Platz hier, um alle
Produkte ausstellen zu können. Wenn Sie Fragen haben,
kann ich sie vielleicht beantworten. Wir können aber auch
gerne eine Vertreterin / einen Vertreter zu Ihnen schicken.
Sie / Er kann Ihnen dann detailliertere Informationen dazu
geben.)

Weitere nützliche Vokabeln

Person / Firma beschreiben	
agent	Händler
competitor	Konkurrent
customer service / *after-sales service*	Kundendienst
distributor	Zwischenhändler
entrepreneur	Unternehmer
prospective customer	potenzieller Kunde
(sales) rep	Handelsvertreter
service	Dienstleistung
specialist dealer	Fachhändler
staff at booth / booth staffer	Standbetreuer
vendor	Verkäufer
Produkt beschreiben	
distinctive features	besondere Kennzeichen
easy-to-handle	einfach zu bedienen
efficient	effizient
equipment	Ausrüstung / Gerät
great value for money	gutes Preis-Leistungs-Verhältnis
kit	Set
maintenance-free *low maintenance*	wartungsfrei wartungsarm
overall impression	Gesamteindruck
state-of-the-art	hochmodern
tailor-made	maßgeschneidert

Rechtliches	
exclusive right of sale	Alleinverkaufsrecht
guarantee	Gewährleistung
license agreement	Lizenzvereinbarung
order	Auftrag
prepayment	Vorauszahlung
royalties	Lizenzgebühren
terms and conditions	Geschäftsbedingungen
Stand und Ausstellungsgelände beschreiben	
booth	Stand
corner stand	Eckstand
counter	Theke
duty roster	Dienstplan
end stand	Kopfstand
exhibit / exhibition	Ausstellung
exhibitor	Aussteller
fair grounds	Messegelände
floor plan	Grundriss
floor space	Stellfläche
hall	Halle, Saal
location	Standort
sales material	Verkaufsmaterial
square meter	Quadratmeter
stand rental	Standmiete
Standmaterial beschreiben	
fact sheet	Datenblatt / Informationsblatt
price list	Preisliste
freebie / give-away / promotional material	Werbegeschenk

Sonstiges	
commercial	gewerblich
cross-industry	branchenübergreifend
delivery period	Lieferzeit
discount	Rabatt
distribution channel	Vertriebskanal
inquiry	Anfrage
invitation	Einladung
non-committal	unverbindlich
pricing scheme	Preismodell
promotional offer	Aktionsangebot
retail	Einzelhandel
ROI (return on investment)	Rendite
trade	Handel
wholesale	Großhandel
Verben	
to convince	überzeugen
to distribute	verteilen, vertreiben
to equip	ausstatten
to exceed	übertreffen
to finalize	endgültig festmachen
to follow-up	nachfassen
to guarantee	gewährleisten
to introduce someone	jemanden vorstellen
to invite	einladen
to overhear	zufällig mithören
to propose	vorschlagen

Beim Bewerbungsgespräch

Wenn Sie seit Längerem kein Englisch gesprochen haben, kann ein Interview, bei dem Sie auch auf Englisch kommunizieren müssen, wie eine fast unüberwindbare Hürde erscheinen. Die gute Nachricht ist, dass diejenigen, die Interviews führen, oft auf Standardfragen zurückgreifen, auf die Sie sich vorbereiten können. Verlangt die Stelle, auf die Sie sich bewerben, kein makelloses Englisch, wird meistens akzeptiert, dass Sie Englisch als Fremdsprache sprechen, und Fehler, die die Kommunikation nicht stören, werden ignoriert. Nichtsdestotrotz ist es wichtig, dass Sie detailliert beschreiben, warum Sie die richtige Person für die Stelle sind. Bescheidenheit ist hier nicht gefragt! Üben Sie Ihre Antworten auf die häufigsten Fragen, die Sie im Folgenden finden. Überlegen Sie sich weitere Fragen, die Ihnen in einem Bewerbungsgespräch gestellt werden könnten.

Telefoninterviews

Oft werden erste Bewerbungsgespräche per Telefon oder Skype geführt. Halten Sie dabei die wichtigsten Unterlagen als Hilfe bereit. Vergewissern Sie sich, dass Sie Ihren Lebenslauf vor sich liegen haben sowie Fragen, die Sie Ihrem Gegenüber stellen möchten, und vorbereitete Antworten auf Standard-Fragen. Sprechen Sie klar und deutlich. Verwenden Sie die Fragen aus dem Unterkapitel „Verständigungsprobleme" (S. 23), um nachzufragen, falls Sie Ihren Gesprächspartner am anderen Ende der Leitung nicht verstanden haben.

Begrüßung und Einstieg

Begrüßt werden Sie meistens – zumindest in angelsächsischen
Ländern – mit einem freundlichen Lächeln, einem Hände-
schütteln und etwas Small Talk zum Einstieg. Dies könnte
folgendermaßen aussehen:

- ***Nice to meet you. Did you have any trouble finding us
  today / parking / ... ? Terrible weather, isn't it?***
  (Schön, Sie kennenzulernen. Hoffentlich hatten Sie
  keine Schwierigkeiten uns / einen Parkplatz ... zu finden.
  Schreckliches Wetter, finden Sie nicht?) usw.

Ihnen wird wahrscheinlich etwas zu trinken angeboten:

- ***May I offer you a tea or coffee? A glass of water maybe?***
  (Darf ich Ihnen einen Tee oder Kaffee anbieten?
  Vielleicht ein Glas Wasser?)

Darauf antworten Sie folgendermaßen:

- ***Yes, thank you. A coffee / tea / glass of water would
  be great.***
  (Ja, vielen Dank. Ein Kaffee / Tee / Glas Wasser wäre
  sehr schön.)

An dieser Stelle geht es darum, dass Sie sich als Bewerber wohl-
fühlen. Bleiben Sie hier etwas oberflächlich und liefern Sie nicht
zu viele Details.

Häufige Fragen

Wenn Sie Bewerbungsfragen beantworten, verwenden Sie eine aktive und keine passive Ausdrucksweise, beispielsweise: *I led / organized / created / built ...* (Ich führte / organisierte / entwickelte / baute ...). Hier finden Sie einige weitverbreitete Bewerbungsfragen mit passenden Redewendungen, die Sie als Einleitung Ihrer Antwort verwenden können.

Über sich erzählen
Frage:

> *Tell me a little about yourself.*
> (Erzählen Sie etwas über sich.)

Antwort:

> *I grew up in northern Germany and studied business at Bonn University. My career so far has been mainly in manufacturing companies. In my free time, I enjoy all kinds of sport but especially mountain biking ...*
> (Ich bin in Norddeutschland groß geworden und habe Betriebswirtschaft an der Uni Bonn studiert. Ich habe bis jetzt hauptsächlich in Produktionsfirmen gearbeitet. In meiner Freizeit mache ich viele verschiedene Sportarten, aber besonders mag ich es, mit dem Mountainbike zu fahren ...)

Über Stärken reden
Frage:

> *What are your strengths?*
> (Was sind Ihre Stärken?)

Antwort:

> *I'm organized / enjoy working with people / enjoy a challenge ...*
> (Ich bin organisiert / arbeite gerne mit anderen Menschen zusammen / nehme Herausforderungen gerne an ...)

Über Schwächen reden

Frage:

> ***What are your weaknesses?***
>
> (Was sind Ihre Schwächen?)

Antwort:

> ***I feel that I ... am too focused on detail / become frustrated when colleagues don't pull their weight / need to work on my English ... but I am aware of this and am working on this by ...***
>
> (Ich habe das Gefühl, ... dass ich mich zu sehr auf Details konzentriere / ... frustriert werde, wenn Kollegen ihren Beitrag nicht leisten / ... mein Englisch verbessern muss ... aber ich arbeite daran, indem ich ...)

Gründe, weshalb man in der Firma arbeiten möchte

Frage:

> ***Why do you want to work for us?***
>
> (Warum wollen Sie für uns arbeiten?)

Antwort:

> ***I've followed your progress for several years now and ... / I want to contribute to a strong successful company ...***
>
> (Ich habe den Forschritt Ihrer Firma seit einigen Jahren verfolgt und ... / Ich will einen Beitrag zu einer starken, erfolgreichen Firma leisten ...)

Wissen über die Firma

Frage:

> ***What do you know about us?***
>
> (Was wissen Sie über uns?)

Antwort:

> ***Well, I've done quite a lot of research and I see that you're ...***
>
> (Also, ich habe einiges recherchiert und dabei herausgefunden, dass Sie ...)

Vorbereitung auf das Gespräch

Frage:

> *How did you prepare for this interview?*
>
> (Wie haben Sie sich auf dieses Gespräch vorbereitet?)

Antwort:

> *Well, I prepared for this interview in several ways. As well as researching online I also talked to some people who work here. That was very interesting because ...*
>
> (Ich habe mich auf verschiedene Art und Weise vorbereitet. Zusätzlich zur Internetrecherche, habe ich auch mit Mitarbeitern gesprochen. Das war sehr interessant, weil ...)

Gründe für den Arbeitsplatzwechsel

Frage:

> *Why do you want to leave your current job?*
>
> (Warum wollen Sie Ihr gegenwärtiges Arbeitsverhältnis beenden?)

Antwort:

> *I really like the people there but sadly I feel that I'm not being challenged enough ... / I think I've outgrown my role there and ...*
>
> (Ich mag meine Kollegen dort sehr, aber leider werde ich nicht genug herausgefordert ... / Ich glaube, dass ich meiner jetzigen Aufgaben entwachsen bin und ...)

Was glaubt Ihr Arbeitgeber, wo Sie heute sind?

Frage:

> *Where does your employer think you are right now?*
>
> (Was glaubt Ihr Arbeitgeber, wo Sie gerade sind?)

Antwort:

> *I've taken a day from my annual leave to be here.*
>
> (Ich habe einen Urlaubstag für heute eingereicht, um hier zu sein.)

Kurzfristige Ziele

Frage:

What are your short term goals?

(Welche kurzfristigen Ziele haben Sie?)

Antwort:

At this stage I would say my short term goals are to ...

(Meine kurzfristigen Ziele sind zurzeit ...)

Langfristige Ziele

Frage:

Where do you want to be in five years time?

(Wo wollen Sie in fünf Jahren sein?)

Antwort:

In five years time? That's a good question. I'd like to be in a management position / running a team / managing my own large projects ...

(In fünf Jahren? Das ist eine gute Frage. Ich möchte gern in einer Management-Position arbeiten / eine Gruppe leiten / meine eigenen Großprojekte führen ...)

Arbeiten unter Druck

Frage:

How do you work under pressure?

(Wie arbeiten Sie unter Druck?)

Antwort:

In my current / previous job I have to / had to work under pressure all the time ... for example ...

(In meiner jetzigen / vorherigen Position musste ich fast immer unter Druck arbeiten ... zum Beispiel ...)

Zeitmanagement

Frage:

> *How do you manage your time?*
> (Wie sieht Ihr Zeitmanagement aus?)

Antwort:

> *Time management is critical as it's important to me to*
> *meet deadlines. I manage my time effectively by ...*
> (Für mich ist Zeitmanagement entscheidend, weil mir
> das Einhalten von Fristen wichtig ist. Ich habe ein sehr
> effektives Zeitmanagement, dadurch dass ich ...)

Umgang mit Veränderungen

Frage:

> *How do you cope with change?*
> (Wie gehen Sie mit Veränderungen um?)

Antwort:

> *In business things are always changing. In my current /*
> *past role we often experienced change. For example ...*
> (Im Berufsleben gibt es ständig Veränderungen. Bei mei-
> ner jetzigen / vorherigen Arbeit sind / waren wir ständig
> Veränderungen ausgesetzt. Zum Beispiel ...)

Wie andere Sie beschreiben würden

Frage:

> *How would your boss / colleagues / friends describe you?*
> (Wie würde Ihr Chef / Wie würden Ihre Kollegen / Freunde
> Sie beschreiben?)

Antwort:

> *That's a great question. Well they'd probably say I was ...*
> (Das ist eine gute Frage. Also, sie würden wahrscheinlich
> sagen, dass ich ...)

Hobbys
Frage:

> **What are your hobbies?**
> (Welche Hobbys haben Sie?)

Antwort:

> **I enjoy playing tennis / football / basketball ... I'm a member of a book club / sports club ... I enjoy spending time with friends and socializing.**
> (Ich spiele gerne Tennis / Fußball / Basketball ... Ich bin auch Mitglied eines Literaturkreises / Sportvereins ... / Ich verbringe gerne Zeit mit Freunden und in netter Gesellschaft.)

UNSER TIPP

Wenn Sie bei der Beantwortung einer Frage zunächst nicht sicher sind, was Sie antworten oder wie Sie Ihre Antwort formulieren sollen, helfen Standardredewendungen. Diese können Sie vor dem Gespräch auswendig lernen, sodass Sie diese im Bewerbungsgespräch, ohne nachzudenken, anwenden können. Damit gewinnen Sie etwas Zeit.

Dazu gehören:

- **That's a good question.**
  (Das ist eine gute Frage.)
- **I've often thought about that.**
  (Darüber habe ich oft nachgedacht.)
- **I was discussing that the other day with ...**
  (Darüber habe ich vor Kurzem mit ... diskutiert).
- **What's the best way to put this?**
  (Wie kann ich das am besten formulieren?)
- **Let's put it this way ...**
  (Also, ich würde das so sagen ...)
- **It's like this you see ...**
  (Wissen Sie, es ist so ...)

Die angegebenen Fragen decken einige der häufigsten Fragen in Bewerbungsgesprächen auf Englisch ab. Häufig interessiert sich Ihr Gegenüber aber für Beweise und Beispiele. Es reicht normalerweise nicht, wenn Sie nur mit einem knappen *I am very organized* (Ich bin sehr organisiert) oder *I am a good team player* (Ich arbeite gut im Team) antworten. Sie sollten darauf vorbereitet sein, Beispiele für diese Aussagen zu liefern, entweder aus Ihrer gegenwärtigen oder früheren Arbeit oder aus Ihrem Privatleben. Die Fragen beginnen oft mit:

- *Tell me about a time when you … were under pressure/ had a challenge to overcome/had to solve a problem/ worked in a team/showed leadership skills.*
  (Nennen Sie mir ein Beispiel für eine Situation, in der Sie … unter Druck standen/eine Herausforderung überwinden mussten/ein Problem lösen mussten/in einem Team arbeiteten/Führungsqualitäten gezeigt haben).

Eine gute Technik hierfür ist die **SAR-Technik** (**Situation, Action, Result** – Situation, Aktion, Resultat). Im Folgenden sehen Sie ein Beispiel für diese Technik in einem Bewerbungsgespräch.

BEISPIEL

Situation:

We realised we had a problem with our delivery times. Often deliveries were late or weren't reaching the destination. We had lots of complaints and were losing valuable customers and revenue.
(Uns war klar, dass wir ein Problem mit unseren Lieferzeiten hatten. Lieferungen kamen oft zu spät oder überhaupt nicht an. Wir hatten viele Beschwerden und haben wertvolle Kunden und Einnahmen verloren.)

I headed up a project team responsible for investigating and solving the problem. The solution was to implement new software and introduce a new ordering process.
(Ich habe ein Projektteam geleitet, das das Problem untersuchen und Lösungen finden sollte. Die Lösung war, eine neue Software zu implementieren und einen neuen Bestellprozess einzuführen.)

Resultat:

As a result of the new process we improved our delivery times by ninety five percent and grew our customer base by forty percent …
(Als Resultat haben wir unsere Lieferzeiten um 95 % verbessert und unseren Kundenstamm um 40 % erweitert.)

Abschluss eines Bewerbungsgesprächs

Die Fragen, die Sie am Ende eines Bewerbungsgesprächs stellen, bieten die Gelegenheit, einen guten Eindruck zu hinterlassen. Sie können sich beispielsweise auf etwas berufen, das bereits erwähnt worden ist.

- *You mentioned earlier that … could you tell me more about that …?*
  (Sie haben vorhin erwähnt, dass … Könnten Sie mir mehr dazu sagen?)
- *You said that … could you tell me a little more about that?*
  (Sie haben gesagt, dass … Könnten Sie mir noch mehr dazu erzählen?)
- *It was very interesting what you said about …*
  could you tell me a bit more about that?
  (Was Sie über … gesagt haben, war sehr interessant. Könnten Sie etwas mehr dazu sagen?).

Zeigen Sie, dass Sie sich vorbereitet haben:

- *Your website mentioned that you're planning to expand into China/launch a new product line. That's interesting, could you tell me a little more about that?*
  (Auf Ihrer Webseite steht, dass Sie nach China expandieren/eine neue Produktlinie herausbringen wollen. Das finde ich sehr interessant. Können Sie mir Näheres dazu erzählen?)
- *I read that the company is involved in charity work in the local community/has close ties to local colleges/wants to focus on renewable energies – I'd like to know more about that if you wouldn't mind.*
  (Ich habe gelesen, dass Ihre Firma ehrenamtliche Arbeit in örtlichen Vereinen unterstützt/enge Kontakte zu örtlichen Schulen pflegt/sich auf erneuerbare Energien konzentrieren will. Ich würde gerne mehr darüber erfahren, wenn es Ihnen nichts ausmacht.)

Weitere Fragen am Ende eines Bewerbungsgespräches:

- *I was wondering what sort of training I can expect.*
  (Ich habe mich gefragt, wie ich mir die Einarbeitung vorstellen kann.)
- *Can you tell me what the next step in the process is?*
  (Könnten Sie mir sagen, welche Schritte als Nächstes kommen?)
- *Who would I be reporting to?*
  (Wer wäre mein direkter Chef?)

Hinweis: Zu guten Manieren gehört, dass Sie nach dem Interview **schriftlich nachfassen**. Hierbei können Sie sich nochmals in einem positiven Licht darstellen. Dies könnte folgendermaßen aussehen:

As we discussed, I have five years experience in the travel industry and have worked successfully as a marketing manager in my last company. I also felt after our conversation that my style of working would fit well into your company culture. I believe that with my background and experience I could very quickly contribute to Smith Holiday Corp.

I am very excited about this opportunity and look forward to hearing from you next week.

Best regards
Thomas Lees

(Sehr geehrter Herr Smith,

ich habe mich sehr über unser Kennenlernen am Donnerstag gefreut und darüber, bei dieser Gelegenheit etwas mehr über Ihre Firma und die vorgesehenen Aufgaben zu erfahren.

Wie bereits besprochen, habe ich fünf Jahre Erfahrungen in der Reiseindustrie gesammelt und bei meiner letzten Firma erfolgreich als Marketing-Manager gearbeitet. Nach unserem Gespräch hatte ich das Gefühl, dass sich meine Arbeitsweise gut mit Ihrer Firmenkultur vereinbaren ließe. Ich glaube, dass ich aufgrund meines beruflichen Werdegangs und meiner Erfahrungen sehr schnell meinen Beitrag zu Smith Holiday Corp. leisten könnte.

Diese Gelegenheit reizt mich sehr und ich freue mich, nächste Woche von Ihnen zu hören.

Mit freundlichen Grüßen
Thomas Lees)

Weitere nützliche Vokabeln

achievements	Erfolge
career	Karriere
conference call	Telefonkonferenz
contract of employment	Arbeitsvertrag
experience	Erfahrung
to hire	jemanden einstellen
job advertisement	Stellenanzeige
job application	Bewerbung
job description	Stellenbeschreibung
landline	Festnetz
profession	Beruf
to recruit	rekrutieren
references	Arbeitszeugnisse
team player	eine Person, die als Mitglied eines Teams oder einer Gruppe spielt oder arbeitet
trade	Handel
vocation	Berufung

Alltagsaufgaben erledigen

Termine

Termine vereinbaren und verschieben gehört zum Büroalltag – egal ob für sich selbst oder für andere. Diese Aufgabe kann persönlich, telefonisch oder per E-Mail erledigt werden. Deshalb finden Sie hier sowohl Redewendungen als auch E-Mails, die Sie als Vorlage verwenden können.

Versuchen Sie insbesondere bei der Bitte um die Verschiebung eines Termins, höflich zu bleiben. Stellen Sie Ihre Bitte als Frage. Sie werden sehen, dass Ihr Gegenüber meistens kooperativ reagieren wird.

UNSER TIPP

Vergessen Sie nicht, dass Ihr Gesprächspartner vielleicht in einer anderen Zeitzone arbeitet. Achten Sie darauf, dass der Termin (und Ihr Anruf zur Terminvereinbarung) auch zu einer für ihn akzeptablen Zeit stattfindet.

Termine vereinbaren

Frage:

> ***Would it be possible to meet up with you?***
> (Könnten wir uns vielleicht treffen?)

Antwort:

> ***Yes, happily. When do you suggest?***
> (Gerne, wann passt es Ihnen?)

Frage:

> ***Are you free tomorrow?***
> (Haben Sie morgen Zeit?)

Antwort:

> ***Yes, but not until the afternoon.***
> (Ja, aber erst nachmittags.)

Frage:

> ***Is there a good time for us to get together?***
> (Gibt es eine Zeit, die für uns beide gut passt?)

Antwort:

> ***Yes, what about Wednesday?***
> (Wie wäre es am Mittwoch?)

Antwort:

> ***I'm afraid I'm busy on Wednesday. Let's try for Thursday.***
> (Leider bin ich am Mittwoch beschäftigt. Lassen Sie es uns am Donnerstag versuchen.)

Frage:

> ***Is the 22nd (twenty-second of) May convenient?***
> (Passt Ihnen der 22. Mai?)

Antwort:

> ***Yes, that's fine, as long as it's in the afternoon.***
> (Ja, das passt gut, solange der Termin nachmittags statt-findet.)

> **What day would suit you best?**
> (Welcher Tag passt Ihnen am besten?)

Antwort:

> **Monday's best for me, at about eleven.**
> (Mir passt es am besten am Montag, gegen elf.)

Frage:

> **Shall we say two o'clock?**
> (Wie wäre es mit vierzehn Uhr?)

Antwort:

> **Yes, two's fine. See you then.**
> (Ja, zwei passt gut. Bis dahin.)

Folgendermaßen könnte eine mündliche Terminvereinbarung aussehen. Zum Hintergrund: Roberto und Mary treffen sich im Flur und müssen sich wegen einer Präsentation miteinander unterhalten. Mary spricht Roberto darauf an.

BEISPIEL

Mary:	**Hi Roberto. How are you?**
	(Hallo Roberto. Wie geht es Ihnen?)
Roberto:	**Fine thanks Mary, and you?**
	(Gut danke, Mary. Und Ihnen?)
Mary:	**Great. We need to talk about the presentation next week. Are you available this afternoon?**
	(Freut mich. Wir müssen über die Präsentation nächste Woche sprechen. Hätten Sie heute Nachmittag Zeit?)
Roberto:	**Sorry no. I'm in a meeting all afternoon.**
	(Nein, leider nicht. Ich bin den ganzen Nachmittag in einer Besprechung.)

Mary:	**Okay, no problem. What about tomorrow morning? Shall we say ten o'clock?** (*Okay, kein Problem. Wie wäre es mit morgen Vormittag? Sagen wir um 10 Uhr?*)
Roberto:	**Tomorrow morning at ten. Let me check my diary ... No sorry, I can't do ten. How would two o'clock suit?** (*Morgen Vormittag um 10 Uhr. Lassen Sie mich im Kalender nachschauen. Nein, leider kann ich um 10 Uhr nicht. Wäre 14 Uhr möglich?*)
Mary:	**Two's good. Will you come to my office or shall I come to yours?** (*14 Uhr geht in Ordnung. Kommen Sie zu mir oder soll ich zu Ihnen ins Büro kommen?*)
Roberto:	**Actually, if we don't really need a face-to-face, it would be easier for me just to have a phone call.** (*Ehrlich gesagt, wenn wir nicht unbedingt ein persönliches Treffen brauchen, wäre es für mich einfacher, wenn wir einfach telefonieren.*)
Mary:	**Right. Let's just make it a phone call. I'll ring you at two.** (*Gut, dann lassen Sie uns einfach telefonieren. Ich rufe Sie um 14 Uhr an.*)
Roberto:	**Great. Speak then.** (*Großartig, wir sprechen uns dann.*)
Mary:	**Yes, speak tomorrow.** (*Ja, bis morgen.*)

Eine **schriftliche Terminvereinbarung** finden Sie im folgenden Beispiel. Zum Hintergrund: Roberto arbeitet in Madrid, Mary in Glasgow. Sie sind Kollegen und sollen auf einer internationalen Konferenz eine gemeinsame Präsentation halten und müssen sich daher vorher abstimmen. Mary hat Roberto telefonisch nicht erreicht, um einen Termin zu vereinbaren, deshalb schreibt sie ihm eine E-Mail.

BEISPIEL

Subject: Presentation at conference next week

Dear Roberto,

I trust all is well with you. The conference next week is getting closer and I'd really like to finalize our slides and agree on what we're going to say. Would you have time on Friday for a conference call? We could use the slide share facilities that have recently been put on the intranet.

Let me know whether Friday is okay with you and what time would suit. Afternoon is better for me, but I could do the morning at a pinch.

Thanks
Mary

(Betreff: Konferenzpräsentation nächste Woche

Lieber Roberto,

ich hoffe, es geht dir gut. Die Konferenz nächste Woche nähert sich und ich möchte gerne unsere Folien fertigstellen und abstimmen, was wir sagen werden. Hättest du Freitag Zeit für einen Konferenzanruf? Wir könnten die neu eingerichtete Software im Intranet nutzen, auf der man Folien teilen kann.

Bitte gib mir Bescheid, ob Freitag für dich in Ordnung ist und welche Uhrzeit dir passt. Nachmittags passt es mir besser, aber ich könnte notfalls auch vormittags.

Vielen Dank
Mary)

Re: Presentation at conference next week

Dear Mary,

Yes, you're right. We need to get together about the presentation soon. Friday afternoon is fine by me. Shall we say 3 p.m. your time? I'm happy to ring you and I'll make sure I have my slides ready by then.

Let me know if three is okay and I'll make sure I know how to use the new slide share software beforehand.

Speak soon
Roberto

(Re: Konferenzpräsentation nächste Woche

Liebe Mary,

du hast natürlich recht, wir müssen unbedingt wegen der Präsentation sprechen. Freitagnachmittag passt mir gut. Sagen wir 15 Uhr, deine Zeit? Ich kann dich gerne anrufen und werde bis dahin auf jeden Fall meine Folien fertig haben.

Bitte gib mir kurz Bescheid, ob 15 Uhr in Ordnung ist, und ich werde mich vorher über die neue Software informieren.

Bis bald
Roberto)

Termine verschieben

Frage:

> *Could we postpone the meeting or bring it forward?*
>
> (Könnten wir die Besprechung nach hinten
> verschieben oder vorverlegen?)

Antwort:

> *Yes, okay, when do you suggest?*
>
> (Ja, kein Problem. Wann passt es Ihnen?)

Frage:

> *Could we meet on Thursday instead of Wednesday?*
>
> (Könnten wir uns am Donnerstag anstatt am
> Mittwoch treffen?)

Antwort:

> *Yes, no problem. Let's make it Thursday at two.*
>
> (Ja, kein Problem. Sagen wir Donnerstag um zwei.)

Frage:

> *I'm afraid I have to cancel the appointment / meeting.*
> *Could we reschedule?*
>
> (Leider muss ich den Termin / die Besprechung absagen.
> Könnten wir einen neuen Termin vereinbaren?)

Antwort:

> *That's fine by me, but I'm afraid Monday next week is out*
> *because I'm in Frankfurt.*
>
> (Das geht in Ordnung, aber leider kann ich nächste Woche
> Montag nicht, weil ich in Frankfurt bin.)

Wie Sie **schriftlich einen Termin verschieben**, finden Sie im anschließenden Beispiel. Zum Hintergrund: Roberto und Mary kennen sich als Arbeitskollegen gut. Mary muss einen vereinbarten Termin verschieben und schickt Roberto deswegen eine kurze E-Mail.

Sich für eine Verspätung entschuldigen

- *I'm slightly delayed. I'll be about twenty minutes late.*
  (Ich habe etwas Verspätung. Ich werde mich um ungefähr zwanzig Minuten verspäten.)
- *I'm in a traffic jam. I'm afraid I'm going to be late.*
  (Ich stehe im Stau. Ich werde leider etwas zu spät kommen.)
- *Unfortunately, I can't make it on time. There's a train strike.*
  (Leider schaffe ich es nicht pünktlich, es gibt einen Bahnstreik.)

Weitere nützliche Vokabeln

Wochentage	
Monday	Montag
Tuesday	Dienstag
Wednesday	Mittwoch
Thursday	Donnerstag
Friday	Freitag
Saturday	Samstag
Sunday	Sonntag
at the weekend	am Wochenende
during the week	während der Woche
on Wednesdays	mittwochs

Monate	
January	Januar
February	Februar
March	März
April	April
May	Mai
June	Juni
July	Juli
August	August
September	September
October	Oktober
November	November
December	Dezember

Jahreszeiten	
spring	Frühling
summer	Sommer
fall/autumn	Herbst
winter	Winter

Das Datum	
Geschrieben	Gesprochen
1st	the first
2nd	the second
3rd	the third
4th	the fourth
5th	the fifth
6th	the sixth
7th	the seventh
8th	the eighth
9th	the ninth
10th	the tenth
11th	the eleventh
12th	the twelfth
13th	the thirteenth
14th	the fourteenth
15th	the fifteenth
16th	the sixteenth
17th	the seventeenth
18th	the eighteenth
19th	the nineteenth
20th	the twentieth
21st	the twenty-first

22nd	the twenty-second
...	...
30th	the thirtieth
31st	the thirty-first
2015	twenty-fifteen
2016	twenty-sixteen
22nd December 2015	the twenty-second of December twenty-fifteen.

Hinweis: Amerikaner und Engländer schreiben das Datum unterschiedlich. Die Amerikaner beginnen mit dem Monat (12/22/2015), die Engländer hingegen mit dem Tag (22/12/2015). Um Unklarheiten zu vermeiden, schreiben Sie immer den Monat als Wort aus, z. B.:

- December 22, 2015 oder
- 22 December 2015

Die Zeit	
Geschrieben	**Gesprochen**
9:30	nine thirty, half past nine
9:00	9 o'clock
2:30	two thirty, half past two
9:15	nine fifteen, quarter past/after nine
9:45	nine forty-five, quarter to/till/of ten
24/7	twenty-four seven (tagein, tagaus)

Dienstreisen organisieren und durchführen

Auch wenn heutzutage viele Besprechungen in international tätigen Firmen als sogenannte *Conference Calls* stattfinden und die Teilnehmer deshalb ihre Büros nicht verlassen müssen, sind Vor-Ort-Gespräche irgendwann unerlässlich. Dafür müssen Dienstreisen organisiert werden und u. U. fällt ein Arbeitsessen an. Sie finden in diesem Unterkapitel Sätze und Ausdrücke, die Sie für die folgenden Aufgaben verwenden können: Reisen organisieren, Hotelzimmer reservieren, Wege beschreiben und Besucher empfangen. Ebenfalls werden Geschäftsessen im Restaurant thematisiert. Für einige Fälle finden Sie auch E-Mail-Vorlagen.

Reisen organisieren

Allgemein

- *I need a one-way / return ticket.*
  (Ich brauche eine Einzelfahrkarte / Fahrkarte für Hin-
  und Rückfahrt.)
- *Is the ticket refundable if I have to cancel the trip?*
  (Kann ich das Ticket zurückgeben, falls ich die Reise
  stornieren muss?)
- *I need full flexibility for the ticket. I'm not exactly sure
  when I'll be returning.*
  (Ich brauche ein Ticket mit flexiblen Reisedaten. Ich bin
  nicht ganz sicher, wann ich zurückfahren werde.)

Flugzeug

- *I'd like an aisle / window seat please.*
  (Ich hätte gern einen Gang- / Fensterplatz.)
- *I've only got hand luggage.*
  (Ich habe nur Handgepäck.)
- *I've got a bag to check in.*
  (Ich muss Gepäck aufgeben.)
- *How far in advance do I need to be at the airport?*
  (Wie viel im Voraus muss ich am Flughafen sein?)
- *How long does it generally take to get through security?*
  (Wie lange braucht man normalerweise, um durch die
  Sicherheitskontrollen zu kommen?)
- *Do I need a passport or will a German ID-card be okay?*
  (Brauche ich einen Pass oder reicht ein deutscher
  Personalausweis aus?)

Bahn

- ***Do you have off-peak ticket reductions?***
  (Haben Sie vergünstigte Tickets für Fahrten außerhalb der Hauptverkehrszeit?)
- ***Is that first or second class?***
  (Ist das die erste oder zweite Klasse?)
- ***Is that an express or local train?***
  (Ist das ein Schnellzug oder ein Regionalzug?)
- ***How much time do I have to change trains?***
  (Wie viel Zeit habe ich zum Umsteigen?)

Mietwagen

- ***I'd like to hire/rent a car from Barcelona to Madrid.***
  (Ich möchte gerne ein Auto von Barcelona nach Madrid mieten.)
- ***What size cars do you have?***
  (Welche Fahrzeugklassen haben Sie?)
- ***I'd like a small car, please.***
  (Ich hätte gern einen Kleinwagen.)
- ***What are your daily rates?***
  (Wie viel kostet das pro Tag?)
- ***Do you have any discounts/special offers?***
  (Haben Sie Sonderangebote?)
- ***Do you charge for mileage?***
  (Verlangen Sie Kilometergeld?)
- ***Does the price include third-party insurance?***
  (Ist eine Haftpflichtversicherung im Preis enthalten?)

Subject: Hire car rental

Dear Sir / Madam

I would like to reserve a compact car from 14th – 22nd June. I will be arriving at Stansted Airport at 4 p.m. (Flight no. UX581) and will be returning the car at 3 p.m. on 22nd. Could you please advise me of availability and prices?

Thanking you in advance.
Roberto Violetti

(Betreff: Mietwagenreservierung

Sehr geehrte Damen und Herren,

ich möchte gerne ein Auto der Kompaktklasse vom 14. – 22. Juni reservieren. Ich lande am Flughafen Stansted um 16:00 Uhr (Flugnr. UX581) und werde das Auto um 15:00 Uhr am 22. zurückgeben. Können Sie mir bitte Einzelheiten zu Verfügbarkeit und Preisen schicken?

Vielen Dank im Voraus.
Roberto Violetti)

Taxi

- *I need to go to Baker Street W1.*
  (Ich muss zur Baker Street W1.)
- *Holborn Street please.*
  (Holborn Street, bitte.)
- *What do I owe you?*
  (Was kostet das?)
- *Could you make out a receipt for ten euros please.*
  (Ich hätte gerne eine Quittung über 10 Euro bitte.)

Hotelbuchungen

Hotels reservieren

Beispiel:

I'd like to book a single room for two nights from the fourteenth to the sixteenth June. Non-smoking please.

(Ich möchte gerne ein Einzelzimmer für zwei Nächte vom 14.–16. Juni reservieren. Nichtraucher, bitte.)

Weitere nützliche Fragen bei einer Reservierung:

- ***Do you have somewhere I could park my car?***
  (Haben Sie Parkplätze?)
- ***Is WiFi available?***
  (Haben Sie WiFi?)
- ***Does the price include breakfast?***
  (Ist das Frühstück im Preis inbegriffen?)
- ***Does the hotel have conference facilities?***
  (Hat das Hotel Konferenzräume?)
- ***Do you accept credit cards?***
  (Akzeptieren Sie Kreditkarten?)

Im Folgenden finden Sie ein Beispiel, wie man ein Hotelzimmer **schriftlich reservieren** kann.

Subject: Room booking 5 – 8 May

Dear Sir or Madam

I would like to book a single, non-smoking room from 5 th – 8 th May. Could you please advise me of availability and prices?

Thanking you in advance
Mary Johnstone

(Betreff: Zimmerreservierung 5. – 8. Mai

Sehr geehrte Damen und Herren,

ich würde gerne ein Einzelzimmer für Nichtraucher vom 5. – 8. Mai reservieren. Können Sie mir bitte Informationen zu Verfügbarkeit und Preisen schicken?

Vielen Dank im Voraus.
Mary Johnstone)

Beim Einchecken

- *I'd like to check in.*
  (Ich möchte gerne einchecken.)
- *I have a reservation for a single room for two nights.*
  (Ich habe ein Einzelzimmer für zwei Nächte reserviert.)
- *Could I have an upgrade please?*
  (Kann ich bitte ein Zimmer in der nächsthöheren Preiskategorie haben?)
- *What time is breakfast?*
  (Um wie viel Uhr gibt es Frühstück?)

Beim Auschecken

- *I'd like to check out please.*
  (Ich möchte bitte auschecken.)
- *Could you get me a taxi?*
  (Könnten Sie mir ein Taxi bestellen?)
- *Do you have somewhere I can store my luggage?*
  (Kann ich meinen Koffer irgendwo unterbringen?)
- *Can you give me the invoice without breakfast costs?*
  I can't charge those to expenses.
  (Können Sie mir eine Rechnung ohne die Kosten fürs
  Frühstück geben? Diese Kosten kann ich nicht abrechnen.)

Wege beschreiben

- *Turn left/right.*
  (Biegen Sie links/rechts ab.)
- *Go straight ahead.*
  (Gehen/fahren Sie geradeaus.)
- *At the traffic lights/at the next corner, take the first road
  on the left/right.*
  (An der Ampel/der nächsten Ecke nehmen Sie die erste
  Straße auf der linken/rechten Seite.)
- *Go past the post office and cross over the next two streets.*
  (Laufen Sie an der Post vorbei und überqueren Sie die
  nächsten zwei Straßen.)
- *Take the first exit at the roundabout.*
  (Nehmen Sie die erste Ausfahrt im Verkehrskreisel.)
- *Opposite the book store, you'll see the company's offices.*
  (Gegenüber dem Buchladen sehen Sie dann die Büro-
  räume.)
- *My office is at the end of the corridor on the first
  floor/storey.*
  (Mein Büro ist am Ende des Ganges in der ersten Etage.)

Besucher empfangen

Begrüßung:

    Welcome to Cologne.

    (Willkommen in Köln.)

Antwort:

    Thank you very much.

    (Vielen Dank.)

Frage:

    How did you get here?

    (Wie sind Sie hierhergekommen?)

Antwort:

    I drove / flew / came by train / taxi / public transport.

    (Ich bin mit dem Auto / Flugzeug / Zug / Taxi / den öffentlichen Verkehrsmitteln gekommen.)

Frage:

    How was your journey / flight?

    (Wie war Ihre Reise / Ihr Flug?)

Antwort:

    Fine thanks.

    (Gut, danke.)

Frage:

    Would you like something to eat or drink?

    (Möchten Sie etwas essen oder trinken?)

Antwort:

    That's very kind. A coffee would be nice.

    (Vielen Dank. Ein Kaffee wäre nett.)

Wenn Sie das Angebot ablehnen möchten, antworten Sie Folgendes.

Antwort:

    No thanks, I've just had something.

    (Nein, danke. Ich hatte gerade schon etwas.)

Im folgenden Beispiel sehen Sie, wie die Begrüßung eines Gastes aussehen könnte. Zum Hintergrund: Mary Johnstone ist eine wichtige Geschäftspartnerin für HeRW Inc und ist nach Mailand gekommen, um den italienischen Geschäftsführer kennenzulernen. Roberto Violetti ist persönlicher Assistent des Geschäftsführers. Er begrüßt Mary und verbringt etwas Zeit mit ihr, während der Geschäftsführer ein Telefonat beendet.

BEISPIEL

Roberto:	**Good morning, you must be Mary Johnstone. I'm Roberto Violetti, personal assistant to Mr Vilantino. Pleased to meet you.** *(Guten Morgen, Sie sind sicherlich Mary Johnstone. Ich bin Roberto Violetti, persönlicher Assistent von Herrn Vilantino. Ich freue mich, Sie kennenzulernen.)*
Mary:	**Pleased to meet you, too.** *(Es freut mich auch, Sie kennenzulernen.)*
Roberto:	**I hope you had a good journey here.** *(Ich hoffe, Sie hatten eine angenehme Reise.)*
Mary:	**Yes, it was fine. I flew and didn't even have any delays.** *(Ja, die Reise war gut. Es gab keinerlei Verspätungen.)*
Roberto:	**Mr Vilantino is just finishing a telephone call. May I offer you something to drink?** *(Herr Vilantino beendet gerade noch ein Telefonat. Darf ich Ihnen etwas zu trinken anbieten?)*

Mary:	*That would be nice. A glass of water, if I may.*
	(Das wäre sehr nett. Ein Glas Wasser, wenn möglich.)
Roberto:	*Of course, still or fizzy?*
	(Natürlich, mit oder ohne Sprudel?)
Mary:	*Still, if I may.*
	(Ohne, wenn möglich.)
Roberto:	*I'll just go and get it. Would you like to take a seat here while you wait?*
	(Ich gehe es eben holen. Möchten Sie sich hier hinsetzen, solange Sie warten?)
Mary:	*Great, thanks a lot.*
	(Gerne, vielen Dank.)

Geschäftsessen im Restaurant

Folgende Sätze können Ihnen nützlich sein, wenn Sie mit dem Kellner kommunizieren:

- *Could we have a table for two in the corner / near the window please?*
  (Können wir bitte einen Tisch für zwei Personen in der Ecke / am Fenster haben?)
- *Could we have the menu please?*
  (Wir hätten gerne die Karte.)
- *What do you recommend as a starter / main course?*
  (Was empfehlen Sie als Vorspeise / Hauptgang?)
- *Which wine can you recommend?*
  (Welchen Wein können Sie empfehlen?)
- *What's your daily special?*
  (Was ist Ihr Tagesgericht?)
- *We'd like to order, please.*
  (Wir möchten gerne bestellen.)

- **I'd like to pay, please.**
  (Ich möchte bitte bezahlen.)
- **The bill please.**
  (Die Rechnung bitte.)
- **Could I have a receipt, please?**
  (Darf ich bitte eine Quittung haben?)

Wenn Sie mit Ihrem **Geschäftspartner** sprechen, helfen Ihnen diese Sätze:

- **What would you like to drink?**
  (Was möchten Sie gerne trinken?)
- **Have you decided what you would like yet?**
  (Haben Sie sich schon entschieden?)
- **I can recommend the desserts here. They're delicious.**
  (Ich kann die Nachspeisen empfehlen. Sie schmecken toll.)
- **For a main course, I would suggest the Käsespätzle.**
  It's a local dish, a sort of pasta with a cheese topping.
  (Als Hauptgang empfehle ich die Käsespätzle. Es handelt sich um eine regionale Spezialität, eine Art Nudeln mit Käse überbacken.)

UNSER TIPP

Viele Ausländer sind gerne bereit, deutsche Spezialitäten zu bestellen und den Namen der Gerichte zu verwenden. Bevor Ihre Gäste ein typisches Gericht bestellen, sollten Sie ihnen in ein paar einfachen Sätzen erklären können, worauf sie sich einlassen. Überlegen Sie daher vorher, wie Sie ein regionales Gericht beschreiben wollen.

Der folgende Dialog dient Ihnen als Beispiel, wie ein Geschäftsessen ablaufen könnte. Zum Hintergrund: Roberto Violetti und Mary Johnstone waren gemeinsam auf einer Konferenz. Mary ist eine wichtige Geschäftspartnerin für Roberto, weshalb er sie zum Essen einlädt. Sie werden vom Kellner empfangen.

Kellner:	**Good evening how can I help?** *(Guten Abend, wie kann ich Ihnen behilflich sein?)*
Roberto:	**Good evening, I'd like a table for two, a corner one if possible.** *(Guten Abend. Ich hätte gern einen Tisch für zwei Personen, wenn möglich in der Ecke.)*
Kellner:	**Fine, follow me please. ... Here are two menus. Do you know already what you would like to drink?** *(Gut, hier entlang bitte ... Hier sind zwei Speisekarten. Wissen Sie bereits, was Sie trinken möchten?)*
Roberto:	**Mary, what about you?** *(Mary, wissen Sie es schon?)*
Mary:	**I'll have a glass of white wine, please.** *(Ich hätte gerne ein Glas Weißwein, bitte.)*
Roberto:	**And I'll take a beer, a local one if possible.** *(Und ich nehme ein Bier, eines aus der Region, wenn möglich.)*
Kellner:	**Yes, certainly.** *(Kein Problem.)*
Roberto:	**Can you recommend anything special on the menu today?** *(Gibt es irgendwelche Empfehlungen des Tages?)*

Kellner:	**Well we have fresh asparagus, directly from this area. We are serving it today with salmon and hollandaise sauce.** *(Also, wir haben frischen, regionalen Spargel. Er wird heute mit Lachs und Sauce Hollandaise serviert.)*
Roberto:	**That sounds good, I'll take that. Mary, do you know yet what you would like?** *(Das hört sich gut an, das nehme ich. Mary, wissen Sie bereits was Sie essen wollen?)*
Mary:	**Well, since it's a local dish I'll take that, too.** *(Also, da es sich um ein regionales Gericht handelt, nehme ich es auch.)*

Viele weitere Hinweise und Sätze für Gespräche beim Geschäftsessen finden Sie im Unterkapitel „Small Talk".

Weitere nützliche Vokabeln

accommodation	Unterkunft
ATM (Automatic Teller Machine)	Bankautomaten
baggage	Gepäck
boarding pass	Bordkarte
business trip	Geschäftsreise
customs	Zoll
to declare	angeben – beim Zoll
expenses	Spesen
lift / elevator	Aufzug
reception	Empfang
room service	Zimmerservice
suitcase	Koffer

Über Zahlen und Finanzen reden

Über Finanzen spricht man in vielen Abteilungen einer Firma, vor allem aber im Vertrieb und in Besprechungen, wenn allgemein über Finanzen gesprochen wird. Deshalb finden Sie in diesem Unterkapitel zunächst allgemeine Hinweise zu Zahlen und anschließend Sätze, die in den Bereich des Vertriebs gehören. Nachfolgend sind Sätze aufgelistet, die Sie in betrieblichen Besprechungen über Finanzen verwenden können. Zum Schluss finden Sie Redewendungen, die Ihnen nützlich sein können, wenn sie über Finanzangelegenheiten sprechen, z. B. in Banken, beim Gespräch über Finanzmärkte oder in persönlichen Gesprächen über Geld.

Geld und Zahlen

Geschrieben	Gesprochen
Allgemein	
$ 142	One hundred and forty-two dollars
$ 2,714	Two thousand seven hundred and fourteen dollars
$ 164,752	One hundred and sixty-four thousand dollars seven hundred and fifty-two
€ 6.40	Six Euro forty / six forty
€ 10.05	Ten Euro and five cents / Ten Euro five
25.2	Twenty-five point two
43.78	Forty-three point seven eight
300,247	Three hundred thousand two hundred and forty-seven
$3 \frac{1}{2}$	Three and a half
$8 \frac{2}{3}$	Eight and two-thirds
$7 \frac{3}{4}$	Seven and three-quarters
$5 \frac{1}{4}$	Five and a quarter
$9 \frac{5}{7}$	Nine and five-sevenths
Matheaufgaben	
4 – 6	Four minus six
10 + 7	Ten plus seven
10 × 3	Ten times three
10 ÷ 5 = 2	Ten divided by five equals two
10.5 sq. m (10.5 m^2)	Ten point five square metres
10^3	Ten to the power of three

Im Vertrieb

Frage:

I'm calling to place an order for stock number XYZ234.
(Ich möchte eine Bestellung für Produktnummer XYZ234 aufgeben.)

Antwort:

I'm afraid that item isn't in stock. Delivery will take a week, but we could send you a sample if you want.
(Leider haben wir das Produkt zurzeit nicht auf Lager. Es gibt eine Lieferzeit von einer Woche, aber wir könnten Ihnen ein Muster schicken, falls gewünscht.)

Frage:

How much does it cost?
(Wie viel kostet das?)

Antwort:

Five euros per unit.
(Fünf Euro pro Einheit.)

Do you have bulk prices?

(Haben Sie Großhandelspreise?)

Antwort:

What sort of quantities are you thinking of?

(Um welche Mengen handelt es sich?)

Frage:

Are there any special offers at the moment?

(Haben Sie im Moment Sonderangebote?)

Antwort:

Sorry, not at the moment.

(Zurzeit leider nicht.)

Frage:

Can you offer me a discount?

(Können Sie mir einen Rabatt anbieten?)

Antwort:

That might be difficult. I'll have to see what we can do about the price.

(Das könnte etwas schwierig sein. Ich muss nachschauen, was wir hinsichtlich des Preises machen können.)

Frage:

Is that price negotiable?

(Ist der Preis verhandelbar?)

Antwort:

No I'm afraid not. That's the best we can offer.

(Nein, leider nicht. Das ist ein Festpreis.)

Does that include shipping?

(Beinhaltet das die Transportkosten?)

Antwort:

Yes it does. All transport costs are included.

(Ja, die Transportkosten sind inkludiert.)

Frage:

Are we eligible for a discount?

(Können wir einen Rabatt bekommen?)

Antwort:

We give a two percent discount for payment within two days.

(Wir bieten einen 2 %-igen Rabatt, wenn Sie innerhalb von zwei Tagen bezahlen.)

Frage:

Is that your best quote?

(Ist das Ihr bestes Angebot?)

Antwort:

Yes, I'm afraid we can't go lower than that.

(Ja, leider können wir Ihnen nicht weiter entgegenkommen.)

Frage:

What's the unit price?

(Was ist der Preis pro Einheit?)

Antwort:

Eight Euro per unit of a hundred items.

(8,00 Euro pro Einheit von 100 Artikeln.)

Frage:

Could you give me a quote for five thousand?

(Können Sie mir ein Angebot für fünftausend geben?)

Antwort:

I'll have to get back to you on that.

(Dazu muss ich Sie zurückrufen.)

Frage:

How soon can you deliver?

(Wie schnell können Sie liefern?)

Antwort:

We have a three day delivery time.

(Unsere Lieferzeit beträgt drei Tage.)

Frage:

When is the delivery date?

(Wann wird geliefert?)

Antwort:

We can guarantee delivery by Wednesday this week.

(Wir können die Lieferung für Mittwoch diese Woche zusagen.)

Frage:

When can you dispatch the goods?

(Wann können Sie die Ware ausliefern?)

Antwort:

For all orders in the morning, the items leave our warehouse that day. Orders after midday are sent out the next working day.

(Bei allen Vormittagsbestellungen verlässt die Ware unsere Lagerräume am gleichen Tag. Bestellungen nach 12:00 Uhr werden am nächsten Werktag versandt.)

> *Do we get a tracking number?*
>
> (Erhalten wir eine Versandnummer?)

Antwort:

> *Yes the delivery / shipping company provides you with one.*
>
> (Ja, Sie erhalten eine von der Logistikfirma.)

Frage:

> *Does that include VAT?*
>
> (Ist die MwSt. inklusive?)

Antwort:

> *Yes it does, twenty percent.*
>
> (Ja, 20 %.)

Frage:

> *How will you invoice us, post or e-mail?*
>
> (Wie werden Sie die Rechnung ausstellen –
> per Post oder per E-Mail?)

Antwort:

> *We'll be sending the invoice as a pdf file.*
>
> (Wir verschicken die Rechnung als PDF-Datei.)

Frage:

> *Do we need to make a down-payment?*
>
> (Müssen wir eine Anzahlung leisten?)

Antwort:

> *No, we don't require a down payment, but you get a discount of two percent for payment within two days.*
>
> (Nein, wir brauchen keine Anzahlung. Aber Sie erhalten
> einen Rabatt von 2 %, wenn Sie innerhalb von zwei Tagen
> bezahlen.)

Frage:

When can I expect the quotation?

(Wann kann ich mit einem Angebot rechnen?)

Antwort:

You can expect the quote by the end of the week.

(Sie erhalten bis Ende der Woche ein Angebot.)

Frage:

Can I get back to you later? I have to check a few things first.

(Darf ich Sie später zurückrufen? Ich muss zuerst einige Sachen klären.)

Antwort:

Yes that's fine. I'm in the office until 5, our time.

(Ja, in Ordnung. Ich bin bis 5 im Büro, unsere Zeit.)

Frage:

Could you send me an order confirmation?

(Können Sie mir eine Bestellbestätigung schicken?)

Antwort:

Yes, can I use the e-mail address I already have?

(Ja. Darf ich die vorhandene E-Mail-Adresse verwenden?)

Frage:

Is the billing address the same as the delivery address?

(Sind Rechnungs- und Lieferanschrift identisch?)

Antwort:

Yes. Could you address it to me, please?

(Ja, schicken Sie die Lieferung bitte an mich.)

Wenn Sie eine schriftliche Bestellung vornehmen, können Sie sich an folgendem Beispiel orientieren.

Subject: Order tracker improvement set

Dear Sir or Madam,

We would like to order 2.000 units of your tracker improvement set (Order no. 456XVN25). Could you please let us know whether you can offer a discount for this bulk buy and when we can expect delivery?

Thanking you in advance.

Kind regards

Mary Johnstone

(Betreff: Bestellung Tracker Improvement Set

Sehr geehrte Damen und Herren,

wir möchten 2.000 Einheiten des Tracker Improvement Sets (Artikelnr. 456XVN25) bestellen. Können Sie uns bitte mitteilen, ob Sie einen Mengenrabatt anbieten und wann wir eine Lieferung erwarten können?

Vielen Dank im Voraus.

Mit freundlichen Grüßen
Mary Johnstone)

Re: Order tracker improvement set

Dear Ms Johnstone,

Thank you very much for your enquiry into our tracker improvement set. For a shipment of 2.000 units of item number 456XVN25 we would charge the wholesale rate of € 10.00 per unit + VAT. The delivery time for an order of this size is 7 working days.

If I can be of any further assistance, please let me know.

Kind regards
Roberto Violetti

(Re: Bestellung Tracker Improvement Set

Sehr geehrte Frau Johnstone,

vielen Dank für Ihre Anfrage bezügl. des Tracker Improvement Sets. Für eine Bestellung von 2.000 Einheiten der Artikelnummer 456XVN25 können wir den Großhandelspreis von € 10,00 pro Einheit (+ MwSt.) anbieten. Die Lieferzeit beträgt 7 Arbeitstage.

Falls Sie weitere Informationen benötigen, melden Sie sich bitte.

Mit freundlichen Grüßen
Roberto Violetti)

In einer Besprechung über Finanzen

- **Can we meet our budget?**
  (Können wir unseren Finanzplan einhalten?)
- **We need a new spreadsheet detailing the costs per department.**
  (Wir brauchen eine neue Tabelle mit Einzelheiten zu den Kosten für jede Abteilung.)
- **The figures for last year are disappointing.**
  (Die Zahlen vom letzten Jahr sind enttäuschend.)
- **The forecast for 2016 is promising.**
  (Die Prognose für 2016 ist vielversprechend.)
- **The numbers look good / bad this year.**
  (Die Zahlen sehen dieses Jahr gut / schlecht aus.)
- **We need to consider both income and expenditure.**
  (Wir müssen uns über Einkommen und Ausgaben Gedanken machen.)
- **The profit and loss account for last year has been finalized.**
  (Die Gewinn- und Verlustrechnung für letztes Jahr wurde abgeschlossen.)

- *My job is to prepare and maintain the financial records.*
  (Meine Arbeit beinhaltet die Vorbereitung und Pflege der Finanzberichte.)
- *For the last accounting period, we made a loss of about three hundred thousand Euros.*
  (In der letzten Berichtsperiode haben wir Verluste von ca. 300.000 Euro generiert.)
- *We've accrued/accumulated losses in the region of half a million.*
  (Wir haben Verluste von ungefähr einer halben Million aufgebaut.)
- *The value of our office building has appreciated/depreciated substantially since 2008.*
  (Der Wert unserer Büroimmobilie ist seit 2008 erheblich gestiegen/gesunken.)
- *The company's assets are considerable.*
  (Die Vermögensgegenstände der Firma sind bemerkenswert.)
- *The numbers have fallen since our last report.*
  (Die Zahlen sind seit unserem letzten Bericht gesunken.)
- *The figures are currently rising.*
  (Die Zahlen steigen gegenwärtig.)
- *We aren't in debt at the moment.*
  (Wir haben gegenwärtig keine Schulden.)

UNSER TIPP

*Falls Sie mit hohen Zahlen arbeiten, seien Sie vorsichtig. **One billion** im amerikanischen Englisch heißt übersetzt ins Deutsche „eine Milliarde".*

*Das Zahlwort „tausend" wird im Englischen manchmal mit einem „**K**" ausgedrückt:*

*D. h. 200.000 (**Two hundred thousand**) = two hundred K*

In Gesprächen über Finanzangelegenheiten

Banken

- *The bank's interest rates are very high / low at the moment.*
  (Die Zinsen der Bank sind gegenwärtig sehr hoch / niedrig.)
- *The Belluno Bank is an investment bank that gives financial advice to companies, issues shares or bonds, and plans and arranges mergers and acquisitions (M & A).*
  (Die Belluno Bank ist eine Investmentbank / Geschäftsbank, die Finanzberatung für Firmen anbietet, Anteile und Schuldverschreibungen herausgibt sowie Übernahmen plant und organisiert.)
- *I can recommend the Arbore Bank as a good retail bank. It has lots of branches throughout the country and provides good services for individuals.*
  (Die Arbore Bank ist meiner Meinung nach als solide Hausbank zu empfehlen. Sie hat viele Zweigstellen im ganzen Land verteilt und bietet gute Dienstleistungen für Privatkunden an.)
- *The bank is currently not providing / offering mortgages for business properties because the local markets are too unstable.*
  (Die Bank bietet derzeit keine Hypotheken für Geschäftsgebäude an, weil die örtlichen Märkte zu instabil sind.)
- *We need to take out a loan to finance the extension to the production hall.*
  (Wir müssen einen Kredit aufnehmen, um die Erweiterung der Produktionshallen zu finanzieren.)
- *The bank will only give us a loan for the extension if we mortgage the current building.*
  (Wir bekommen nur einen Kredit von der Bank, wenn wir das aktuelle Gebäude als Sicherheit hinterlegen.)
- *Do you offer an online / internet banking service?*
  (Bieten Sie Internetbanking an?)

- **We need your account details to transfer the money.**
  (Wir brauchen Ihre Kontodaten, um das Geld zu überweisen.)
- **We need your BIC Code and IBAN number so we can transfer the money.**
  (Wir brauchen Ihren BIC-Code und Ihre IBAN-Nummer, um das Geld zu überweisen.)

UNSER TIPP

Mortgage auf Englisch bedeutet sowohl Darlehen als auch Hypothek, je nachdem in welchem Zusammenhang das Wort verwendet wird. Mortgage wird so ausgesprochen, als beinhalte es kein t (Morgage, \ˈmȯr-gij \).

Finanzmärkte

- **The markets reached a 3-year low yesterday.**
  (Die Märkte haben gestern ein Dreijahrestief erreicht.)
- **The global central banks want to keep interest rates at unnaturally low levels at the moment.**
  (Derzeit wollen die globalen Zentralbanken das Zinsniveau auf einem künstlichen Tief halten.)
- **The financial crisis is going to end soon.**
  (Die Finanzkrise ist bald vorbei.)
- **The markets have gained / lost confidence.**
  (Die Märkte haben an Vertrauen gewonnen / verloren.)
- **The company is going to float on the stock exchange.**
  (Die Firma wird an die Börse gehen.)
- **The numbers give us important insights into why the branch failed.**
  (Die Zahlen liefern wichtige Einblicke in die Ursachen für das Versagen der Filiale.)

- *Any companies and individuals can invest in the stock market.*
  (Alle Firmen und Einzelpersonen können an der Börse investieren.)
- *In Germany the stock exchange is called "Deutsche Börse". Stocks, bonds and shares are traded there.*
  (In Deutschland heißt die Börse DAX. Wert-, Rentenpapiere und Aktien werden dort gehandelt.)

In einem persönlichem Gespräch über Geld

- *Can you tell me where the nearest cash machine/ATM is please?*
  (Können Sie mir bitte sagen, wo der nächste Geldautomat ist?)
- *There wasn't any cash in the ATM.*
  (Der Geldautomat hatte keine Scheine mehr.)
- *I only have notes with me, no small change.*
  (Ich habe nur Scheine bei mir, kein Kleingeld.)
- *Most shops don't like accepting 500 Euro bills/notes.*
  (Die meisten Geschäfte nehmen nicht gerne Fünfhunderteuroscheine an.)
- *My wallet/purse was stolen.*
  (Mein Portemonnaie wurde gestohlen.)
- *I ran out of cash and had to pay by credit card.*
  (Ich hatte kein Geld mehr und musste mit Kreditkarte bezahlen.)
- *The shops here often don't accept credit cards; they don't like the charges.*
  (Die Geschäfte hier akzeptieren oft keine Kreditkarten; sie mögen die Gebühren nicht.)
- *I've quite a lot of money tied up in long-term savings accounts but unfortunately not much in my current account.*
  (Ich habe ziemlich viel Geld auf langfristigen Festgeld-konten, aber leider nicht viel auf meinem Girokonto.)

Weitere nützliche Vokabeln

balance sheet	Bilanz
bond	Schuldverschreibung
capital	Kapital / Vermögen
cash flow statement	Liquiditätsrechnung
COD (cash on delivery)	Nachnahme
credit	Haben
customs clearance certificate	Zollabfertigungszertifikat
debit	Soll
to dispatch	ausliefern
fixed costs	Fixkosten
investment	Investition
invoice	Rechnung
overheads	Gemeinkosten
pension	Pension / Rente
profit	Gewinn
shipping company	Logistikunternehmen
suppliers	Lieferanten
takeover	Übernahme
turnover	Umsatz

Hilfe anbieten, annehmen und ablehnen

Hilfe anbieten

Wie formulieren Sie Ihr Hilfsangebot auf Englisch? Es gibt verschiedene Möglichkeiten, Ihre Unterstützung anzubieten. Welche Redewendung Sie dabei wählen, hängt von der Situation ab. Hier ein paar englische Ausdrücke, die Sie unbedingt kennen sollten, wenn Sie Ihre Hilfe anbieten möchten.

I'll ... (do something). (Ich werde ... (etwas tun).) Die Verwendung dieses Satzes ist eine einfache Art und Weise, jemandem Hilfe anzubieten. Verwenden Sie diese Redewendung, wenn Sie sich ziemlich sicher sind, dass die andere Person Ihre Hilfe gern annehmen wird. Zum Beispiel:

- *I'll collect the parcel from the reception.*
  (Ich hole das Paket beim Empfang ab) oder
- *I'll call the printer and find out.*
  (Ich werde die Druckerei anrufen und mich erkundigen.)

Wenn Sie etwas höflicher, aber immer noch sehr freundlich sein möchten, verwenden Sie: *Let me (do something).* (Lassen Sie mich / Darf ich ...). Sie können mit dieser Redewendung folgendermaßen Hilfe anbieten:

- *Let me type up the report for you.*
  (Darf ich den Bericht für Sie tippen?)
- *Let me book the meeting room for Friday.*
  (Soll ich das Besprechungszimmer für Freitag buchen?)
- *Here – let me phone for a taxi for you.*
  (Moment – darf ich ein Taxi für Sie rufen?)
- *That's a good idea. Let me find out if there are any places left on that workshop.*
  (Das ist eine gute Idee. Ich finde für Sie heraus, ob es noch Plätze für den Workshop gibt.)

Manchmal sind Sie nicht sicher, ob Ihre Hilfe willkommen ist. In diesem Fall ist *Why don't I ...* (Lassen Sie mich doch einfach ...) eine gute Wahl:

- ***Why don't I send you an e-mail with all the information you need?***
  (Lassen Sie mich Ihnen doch einfach eine E-Mail mit allen benötigten Informationen senden.)
- ***Why don't I send out copies of the agenda for next week's meeting?***
  (Lassen Sie mich doch einfach Kopien der Tagesordnung für die Besprechung nächste Woche verschicken.)

Hinweis: Auch wenn der Ausdruck **Why don't I ...** als Frage formuliert wird, wird er als Aussage ausgesprochen. Die Tonlage Ihrer Stimme steigt am Ende des Satzes nicht.

Wenn Sie sich mit Ihrem Angebot noch unsicher sind, sollten Sie nachfragen und eine Antwort abwarten. Die Redewendung *Do you want ... ?* (Möchten Sie ... ?) ist hierfür eine gute Wahl:

- ***Do you want a copy of the receipt?***
  (Möchten Sie eine Kopie der Quittung?)

Zusätzliche Redewendungen für ein Hilfsangebot:

- *Would you like me to call the head office/make a copy/ organize a projector?*
  (Möchten Sie, dass ich die Hauptgeschäftsstelle anrufe/ eine Kopie mache/einen Beamer besorge?)
- *Would you like help with that?*
  (Möchten Sie, dass ich Ihnen dabei helfe?)
- *Do you want me to find a replacement?*
  (Möchten Sie, dass ich einen Ersatz finde?)
- *I can e-mail the contract this afternoon if you like.*
  (Ich kann Ihnen den Vertrag heute Nachmittag per E-Mail zusenden, wenn Sie möchten.)
- *I'd be happy to schedule a time to meet and talk to you about it.*
  (Wir können gerne einen Termin für eine Besprechung vereinbaren, um darüber zu sprechen.)
- *Shall I contact the manufacturer and see what they think?*
  (Soll ich den Hersteller kontaktieren und in Erfahrung bringen, was er denkt?)

Eine formelle Art und Weise, ein Angebot zu unterbreiten, ist *May I offer you ... ?*:

- *May I offer you an alternative ... ?*
  (Darf ich Ihnen eine Alternative vorschlagen ... ?)

Hilfe annehmen

Wenn Sie ein Hilfsangebot annehmen möchten, können Sie ganz einfach Folgendes antworten:

- *Yes, please could you?*
  (Ja bitte, könnten Sie das tun?)
- *That would be great – thanks.*
  (Das wäre super – danke.)
- *Thanks so much!*
  (Vielen Dank!)
- *That would really help – thanks.*
  (Das wäre wirklich hilfreich – danke.)
- *Thanks for the offer – yes that would be great.*
  (Ja, vielen Dank für das Angebot – das wäre super.)
- *Thanks, that would be a great help.*
  (Danke, das wäre eine große Hilfe.)
- *I'd be grateful if you could – thanks.*
  (Ja, da wäre ich Ihnen dankbar – danke.)

Die übliche Antwort auf **thank you** lautet: *You're welcome.* (Danke. – Keine Ursache.)

Wie eine Situation ablaufen könnte, in der Sie ein Hilfsangebot bekommen und dieses annehmen, sehen Sie im folgenden Beispiel.

Hilfe ablehnen

Und wenn Sie ein Hilfsangebot nicht annehmen möchten, können Sie dieses höflich ablehnen:

- *Thanks for the offer, but I think I'll manage / be okay.*
  (Vielen Dank für das Angebot, aber ich komme schon zurecht / klar.)
- *That's very kind of you, but I think it'll be okay.*
  (Das ist sehr nett von Ihnen, aber ich komme schon zurecht / klar.)
- *It's okay, I can manage, but thank you anyway!*
  (Schon in Ordnung, ich komme zurecht, aber trotzdem vielen Dank!)

Probleme lösen

Allgemeine Probleme

Ein Problem anzeigen

Wenn Sie Probleme am Arbeitsplatz haben, benötigen Sie evtl. spezifisches Vokabular für Ihren jeweiligen Geschäftszweig oder Ihre Branche. Es entstehen aber oft auch alltägliche Probleme: Dinge gehen kaputt, Sie haben etwas verloren oder etwas funktioniert einfach nicht.

Wenn ein Problem auftaucht, neigen Sie möglicherweise dazu, sehr direkt zu sein, da Sie verärgert sind. Wie Sie aber wahrscheinlich schon gemerkt haben, ist es in der englischsprachigen Welt wichtig, sich vorsichtig auszudrücken. Das Voranstellen einer Redewendung wie "**_Would you mind / Could you / Can you help?_**" (Würden Sie mir bitte helfen / Könnten / Können Sie mir bitte helfen?) erreichen Sie eher das, was Sie beabsichtigen, und wirken zudem professionell. Höflichkeit ist auch in schwierigen Situationen wichtig. Hier finden Sie ein paar englische Sätze, die Sie hoffentlich der Lösung Ihres Problems näherbringen.

Allgemeine Sätze, um zu signalisieren, dass Sie ein Problem haben und Hilfe benötigen:

- *I wonder if you can help me? I have a problem with my printer/phone/e-mails.*
  (Könnten Sie mir vielleicht helfen? Ich habe ein Problem mit meinem Drucker/Telefon/meinen E-Mails.)
- *My laptop seems to have a problem. I wonder if you can look at it for me?*
  (Mein Laptop scheint ein Problem zu haben. Könnten Sie vielleicht einen Blick darauf werfen?)
- *There seems to be a problem with the delivery. Can you look into it please?*
  (Es scheint ein Lieferproblem zu geben. Können Sie mir bitte helfen?)
- *Could you just have a look at this bill again, please? I think there's a problem with it.*
  (Könnten Sie sich diese Rechnung bitte noch einmal ansehen. Ich glaube, dass es damit ein Problem gibt.)

Englisch – insbesondere britisches Englisch – ist bekannt für **Understatement**. Zum Beispiel: *There seems to be a problem with my computer ...*
(Mit meinem Computer scheint etwas nicht zu stimmen ...).
Dies kann alles heißen: von einer kleinen Panne bis zu einem großen Problem.
Ausdrücke wie *can you just* (können Sie mir nur ...) sorgen für eine weniger direkte Ausdrucksweise, wenn Sie ein Problem haben.

Mary: **_There seems to be a problem with this invoice. I wonder if you can help me?_**
(Es scheint ein Problem mit der Rechnung zu geben. Könnten Sie mir vielleicht helfen?)

Peter: **_Of course. Can you just give me some more details and I'll see if I can help._**
(Natürlich. Können Sie mir vielleicht ein paar mehr Informationen dazu geben, und ich werde sehen, wie ich Ihnen helfen kann.)

Wenn Sie ausdrücken möchten, dass etwas analysiert oder geprüft werden soll, können Sie Folgendes sagen:

- **to look at something**
- **to look into something**

Zum Beispiel:

My figures don't seem to add up. I wonder if you can look at them for me.
(Meine Zahlen scheinen keinen Sinn zu ergeben. Könnten Sie vielleicht einen Blick darauf werfen?)

Typische Probleme

Sie haben etwas nicht verstanden

Wenn Sie es nicht gewohnt sind, Englisch zu sprechen und zu hören, werden Sie Ihren Gesprächspartner evtl. darum bitten müssen, sich zu wiederholen, langsamer zu sprechen oder zu erklären, was er gesagt hat, damit Sie dem Gespräch folgen können. Bei einem Telefonat oder bei einem Gespräch mit Personen, die einen Akzent haben, der Ihnen nicht vertraut ist, kann eine Unterhaltung noch schwieriger sein.

Wenn Sie jemanden bitten möchten, etwas zu wiederholen, können Sie einfach *Sorry?* verwenden. Die Betonung erfolgt am Wortende und Ihr Tonfall geht nach oben, damit die Person, mit der Sie sprechen, versteht, dass Sie eine Frage stellen und sich nicht nur entschuldigen. Verwenden Sie einen dieser Sätze, wenn Sie jemanden nicht verstehen:

- *Could you repeat that, please?*
  (Könnten Sie das bitte wiederholen?)
- *I'm sorry. I didn't understand that.*
  (Entschuldigung. Das habe ich nicht verstanden.)
- *Could you speak more slowly, please?*
  (Könnten Sie bitte etwas langsamer sprechen?)
- *What does ... mean?*
  (Was bedeutet ... ?)
- *May I ask a question?*
  (Darf ich eine Frage stellen?)
- *Do you say ... in English?*
  (Sagen Sie ... auf Englisch?)
- *How do you spell ... ?*
  (Wie schreibt man ... ?)
- *I'm sorry, I don't speak much English.*
  (Entschuldigung, ich spreche nicht gut Englisch.)
- *Would you mind explaining that to me please?*
  (Könnten Sie mir das bitte erklären?)

- *Sorry! I don't understand the instructions! Would you explain them to me?*
  (Entschuldigung! Ich verstehe die Anweisungen nicht. Könnten Sie sie mir bitte erklären?)

Sie haben etwas vergessen

- *I seem to have forgotten my password. Can someone help me?*
  (Ich glaube, ich habe mein Kennwort vergessen. Könnte mir jemand helfen?)

- *Oh dear. I've forgotten the handouts for the presentation this afternooon.*
  (Oh je. Ich habe die Handzettel für die Präsentation heute Nachmittag vergessen.)

- *I've left my car keys behind at the hotel.*
  (Ich habe meine Autoschlüssel im Hotel vergessen.)

- *I don't remember how to access the system. Can you give me a hand?*
  (Ich habe vergessen, wie ich auf das System zugreifen kann. Könnten Sie mir weiterhelfen?)

Sie finden jemanden nicht

- *Hello, I'm trying to find someone who can help me with ...*
  (Hallo, ich suche jemanden, der mir mit ... helfen kann.)

- *Do you know where ... is?*
  (Wissen Sie, wo ... ist?)

- *I'm trying to locate John. Do you know where he might be?*
  (Ich versuche, John zu finden. Wissen Sie, wo er sein könnte?)

- *I'm trying to track down Mary. Have you any idea where she is?*
  (Ich versuche, Mary ausfindig zu machen. Wissen Sie vielleicht, wo sie ist?)

Sie finden etwas nicht

- *I can't find the contract / paperwork / delivery address ...*
  (Ich kann den Vertrag / die Papiere / Lieferanschrift ... nicht finden.)
- *I've misplaced the paperwork from the delivery yesterday.*
  (Ich habe die Papiere der gestrigen Lieferung verlegt.)
- *We've lost ten pallets in the warehouse. Where have they gone?*
  (Wir haben zehn Paletten im Lager verloren. Wo sind sie hingekommen?)
- *I've lost the business card from that supplier in Brussels. Have you got their details?*
  (Ich habe die Visitenkarte dieses Kunden in Brüssel verloren. Haben Sie die Daten des Kunden?)
- *I seem to have lost my folder – did you see it anywhere? It's blue with the company logo on the side.*
  (Ich glaube, ich habe meinen Ordner verloren – haben Sie ihn irgendwo gesehen? Er ist blau und hat auf der Seite das Unternehmenslogo.)

Hinweis: Paperwork (Papiere) ist ein Allgemeinbegriff, der alle Unterlagen – vom einzelnen Lieferschein bis hin zum umfangreichen Vertrag – beschreiben kann.

Etwas ist kaputt

- *The photocopier is broken.*
  (Der Kopierer ist kaputt.)
- *The lorry has broken down on the motorway.*
  (Der Lkw hatte eine Panne auf der Autobahn.)
- *My laptop doesn't seem to be working.*
  (Mein Laptop funktioniert irgendwie nicht.)
- *My computer's stopped responding. I've tried switching it on and off again, but nothing's happening ...*
  (Mein Computer reagiert nicht mehr. Ich habe versucht, ihn ein- und auszuschalten, aber es passiert nichts ...)

- **The product is faulty.**
  (Das Produkt ist fehlerhaft.)
- **The product has a fault.**
  (Das Produkt weist einen Fehler auf.)
- **My ... is damaged.**
  (Mein(e) ... ist beschädigt.)
- **The product is defective.**
  (Das Produkt ist fehlerhaft.)

Im Folgenden finden Sie einige Begriffe aus dem EDV-Bereich aufgelistet, die Ihnen im Arbeitsalltag nützlich sein können:

bug	Fehler
damaged	beschädigt
damages	Schadensersatz
flash drive	USB-Stick
frozen	eingefroren
glitch	kleines technisches Problem
hard drive	Festplatte
light	Licht/Lampe
memory	Speicher
photocopier	Kopierer
plug	Stecker
power	Strom
power button	Startknopf
reboot	Neustart
settings	Einstellungen
socket	Steckdose
toner cartridge	Tintenpatrone

Etwas ist falsch

- *I think this phone number is wrong.*
  Can you check it again please?
  (Ich glaube, diese Telefonnummer ist falsch.
  Könnten Sie sie bitte noch einmal überprüfen?)

- *These figures don't seem to add up.*
  Would you look at them again please?
  (Diese Zahlen scheinen keinen Sinn zu ergeben.
  Könnten Sie sie bitte noch einmal ansehen?)

- *I'm not sure about this bill/sentence/phone number.*
  Can you check it again please?
  (Ich bin mir bei dieser Rechnung/diesem Satz/dieser
  Telefonnummer nicht sicher. Können Sie sie/ihn bitte
  noch einmal überprüfen?)

- *This number is incorrect so we'd better change it.*
  (Diese Nummer ist falsch. Wir sollten sie ändern.)

Beschwerden

Sich beschweren

Manchmal genügt es nicht, die Fakten eines Problems zu erläutern, sondern Sie möchten auch Ihre Gefühle in der jeweiligen Situation ausdrücken. Anhand der folgenden Aussagen können Sie Ihre negativen Gefühle in einer ausgewogenen und professionellen Art und Weise zum Ausdruck bringen. Achten Sie wie immer besonders auf einen höflichen Ton, auch wenn Sie verärgert sein sollten:

- *I'm sorry to complain, but ...*
  (Ich bedaure, dies beanstanden zu müssen, aber ...)

- *I'm afraid I have to complain.*
  (Leider muss ich dies beanstanden.)

- *I'm sorry, but I am very disappointed/this is very disappointing.*
  (Es tut mir leid, aber ich bin sehr enttäuscht/dies ist sehr enttäuschend.)

- **I'm sorry, but this is unacceptable.**
  (Entschuldigen Sie, aber das ist inakzeptabel.)
- **I'd like to speak to the / your boss / manager.**
  (Ich möchte mit dem / Ihrem Chef / Verantwortlichen
  sprechen.)
- **Is there someone I can speak to about this?**
  (Gibt es jemanden, mit dem ich darüber sprechen kann?)

UNSER TIPP

*Im Englischen sagt man oft **I'm sorry**, auch wenn die
Situation nicht sehr ernst ist oder das, wofür Sie sich
entschuldigen, nicht Ihr Fehler ist:*

I'm sorry but your service is simply not good enough ...
*(Es tut mir leid, aber Ihr Service ist einfach nicht gut
genug ...)*

Auf eine Beschwerde reagieren

Wie Sie auf eine Beschwerde reagieren, kann beeinflussen, ob
Sie Kunden gewinnen oder verlieren. Deshalb ist es wichtig, richtig auf eine Beschwerde zu reagieren. Nachdem Sie dem Kunden,
der eine Beschwerde äußert, zugehört haben, signalisieren Sie
zunächst Ihr Verständnis:

- **I understand.**
  (Ich verstehe.)
- **How annoying ...**
  (Wie ärgerlich ...)
- **I'm sorry to hear that ...**
  (Es tut mir leid, das zu hören ...)

BEISPIEL

Mary:

I'm sorry to complain, but this is the second time you've been late with the delivery. Is there someone I can speak to about this?

(Leider muss ich mich beschweren. Das ist das zweite Mal, dass sich Ihre Lieferung verzögert. Gibt es jemanden, mit dem ich darüber sprechen kann?)

Bob:

I'm sorry to hear that. Let me look into it. Can you just give me your customer number please?

(Es tut mir leid, das zu hören. Vielleicht kann ich Ihnen weiterhelfen. Können Sie mir bitte Ihre Kundennummer geben?)

Mary:

I'm afraid you promised to look into it last time and it's happened again. Can I speak to a supervisor please?

(Entschuldigen Sie, aber Sie haben schon beim letzten Mal versprochen, sich darum zu kümmern, und jetzt ist es wieder passiert. Kann ich bitte mit einem Vorgesetzten sprechen?)

Bob:

Okay, I understand. Let me get a supervisor for you ...

(Ich verstehe. Lassen Sie mich einen Vorgesetzten holen ...)

Weitere nützliche Vokabeln

apology	Entschuldigung
to complain	sich beschweren
complaint	Beschwerde
concerned	besorgt
damaged goods	beschädigte Ware
delay	Verzögerung
disorganized	unorganisiert
late	spät
lost	verloren
mistake	Fehler
misunderstanding	Missverständnis
quality	Qualität
resolve	lösen
slow	langsam
solution	Lösung
unfair	unfair
unreasonable	unangemessen

Probleme mit Kollegen

In Situationen mit schwierigen Kollegen ist es selbst in der Muttersprache nicht einfach, die richtigen Worte zu finden. Am Arbeitsplatz können allerlei Probleme auftreten, die unterschiedliche Ursachen haben:

- **unhappy with the conditions**
  (Unzufriedenheit mit den Arbeitsbedingungen)
- **people not performing**
  (Personen, die keine Leistung bringen)
- **lateness**
  (Verspätung)
- **sickness**
  (Krankheit)
- **relocate**
  (ein Unternehmen zieht um)
- **has to make redundancies**
  (ein Unternehmen nimmt Entlassungen vor)
- **unwanted changes**
  (ein Unternehmen nimmt ungewollte Veränderungen vor)

Wenn Sie Probleme in der Arbeit haben, können Sie mit Ihrem Chef sprechen, oder Sie können sich an Ihre Personalabteilung (HR department) wenden. Wenn Sie mit einer getroffenen Entscheidung unzufrieden sind, können Sie Folgendes sagen:

- **I'm not happy with this decison.**
  (Ich bin mit dieser Entscheidung unzufrieden.)
- **I'm uncomfortable with this decision.**
  (Ich habe kein gutes Gefühl bei dieser Entscheidung).

Hinweis: Ihr **boss** (Chef) ist Ihr **superior, supervisor** oder **manager**. Sie können Ihre Vorgesetzten auch allgemein mit dem Ausdruck **management** (Geschäftsleitung) umschreiben.
Denken Sie daran: Im Englischen ist der **chef** ein Koch.

Wenn Sie einem Kollegen, der kein Deutsch spricht, erklären wollen, was ein Betriebsrat ist, können Sie dies folgendermaßen umschreiben:

All companies in Germany with more than 5 employees can have something called a Works Council. This is a committee elected by the employees and represents the employees' interests. It is not the same as a trade union – that is something else.

(Alle Unternehmen in Deutschland mit mehr als 5 Arbeitnehmern können einen sogenannten Betriebsrat haben. Dabei handelt es sich um einen Ausschuss, der von den Arbeitnehmern gewählt wird und der die Interessen der Arbeitnehmer vertritt. Der Betriebsrat ist nicht das Gleiche wie eine Gewerkschaft – dies ist etwas anderes.)

Sie können einen Satz mit *I am having issues with …* beginnen, um auszudrücken, dass Sie ein Problem mit einer Person haben. Zum Beispiel:

I'm having issues with the people working in the warehouse.
(Ich habe mit den Leuten im Lager Probleme.)

Weitere Redewendungen für die Beschreibung von Problemen mit Personen:

- **I'm having problems with my colleagues / boss / head office.**
  (Ich habe Probleme mit meinen Kollegen / meinem Chef / der Hauptniederlassung.)
- **The marketing team aren't pulling their weight.**
  (Das Marketingteam bemüht sich nicht ausreichend.)
- **John's not performing. He's going to have to make some changes.**
  (John zeigt keine gute Leistung. Er muss etwas verändern.)

- *I'm having issues with Laura. She's not a team player.*
  (Ich habe Probleme mit Laura. Sie ist kein Teamplayer.)
- *My boss always disapproves of my decisions.*
  (Mein Chef weist meine Entscheidungen immer zurück.)
- *Trevor's taking a lot of sick leave.*
  (Trevor ist oft krankgeschrieben.)
- *I need to talk to you about something.*
  (Ich muss etwas mit Ihnen besprechen.)
- *I want to raise an issue with you …*
  (Ich möchte ein Problem mit Ihnen besprechen …)
- *I'm not comfortable with …*
  (… bereitet mir Unwohlsein.)
- *I'm worried about the new structure and how it will affect my job …*
  (Die neue Struktur, und wie sich diese auf meinen Arbeitsplatz auswirken wird, bereitet mir Sorgen …)
- *I'm sorry but you aren't allowed to smoke here.*
  (Es tut mir leid, aber Sie dürfen hier nicht rauchen.)
- *Excuse me – would you mind being quiet? We're having a meeting next door.*
  (Entschuldigen Sie – könnten Sie bitte leise sein?
  Wir haben nebenan eine Besprechung.)
- *We're involved in a dispute with the union. They say they might call a strike.*
  (Wir sind in eine Auseinandersetzung mit der
  Gewerkschaft verwickelt. Sie sagt, sie wird vielleicht
  zum Streik aufrufen.)

Hinweis: not pulling your weight bedeutet, dass Sie sich nicht ausreichend bemühen oder genügend beitragen.

Im folgenden Beispiel sprechen zwei Kollegen über ein Problem in der Firma.

BEISPIEL

Roberto:
I'm having issues with the manfacturing plant in Brazil. They've delayed the order again. I think Carlo is just not pulling his weight.
(Ich habe Probleme mit der Produktions-anlage in Brasilien. Sie haben den Auftrag wieder verzögert. Ich glaube, Carlo bemüht sich einfach nicht richtig.)

Mary:
How annoying. Have you spoken to the management team there? They need to know about this.
(Wie ärgerlich. Haben Sie mit den Führungskräften dort gesprochen? Sie müssen davon in Kenntnis gesetzt werden.)

Roberto:
Yes, I know. I'll give them a ring. I'm worried we're going to miss the deadline.
(Ja, ich weiß. Ich werde sie anrufen. Ich mache mir Sorgen, dass wir die Frist nicht einhalten können.)

Schlusswort

Wir hoffen, dass die Redewendungen und Beispiele in diesem Ratgeber Sie als Werkzeuge in Ihrem beruflichen Alltag unterstützen und Ihnen eine schnelle Hilfe sind, wenn Sie auf Englisch kommunizieren müssen.

Wir möchten Sie ermutigen, an Ihrem Englisch weiterzuarbeiten und Ihren Wortschatz auszubauen. Besuchen Sie Kurse, nutzen Sie jede Gelegenheit, um Englisch zu üben – bei Sprachen gilt das Sprichwort: „Übung macht den Meister".

Wenn Sie sich neue Vokabeln einprägen wollen, lernen Sie ganze Sätze bzw. Redewendungen, in denen das neue Wort verwendet wird, und informieren Sie sich über weitere Wörter derselben Sprachfamilie. Lernen Sie also nicht nur was **tacit** (implizit) bedeutet, informieren Sie sich auch, wie das entsprechende Adverb (**tacitly**) aussieht und ob es ein entsprechendes Verb dazu gibt (für dieses Beispiel gibt es kein zugehöriges Verb – nur **to be tacit** ist möglich).

Je mehr Sie sich mit einem Wort beschäftigen, umso besser prägen Sie es sich ein. Je öfter Sie das Wort aktiv benutzen, umso schneller behalten Sie es in Ihrem Langzeitgedächtnis. Auch wenn Sie der Meinung sind, dass Ihre Grammatikkenntnisse ungenügend sind, scheuen Sie keine Unterhaltung in der Fremdsprache. Studien haben gezeigt, dass grammatikalische Fehler die Kommunikation selten negativ beeinflussen. Englisch ist *die* Weltsprache. Sie werden daher hauptsächlich mit Nicht-Muttersprachlern kommunizieren, die ebenfalls Schwierigkeiten mit der Grammatik haben.

Sprachen lernen muss nicht langweilig sein. Sie lernen auch, wenn Sie sich einen Film auf Englisch ansehen – am besten mit englischen Untertiteln, damit Sie wirklich alles mitbekommen. Schauen Sie sich Ihren Lieblingsfilm auf Englisch an. Sie werden überrascht sein, wie viel Sie davon verstehen. Sie können auch bei Ihrem Lieblingslied auf Englisch mitsingen. Aktiv mitzusprechen beschleunigt das Lernen und verbessert die Aussprache. Das Lernen ist weniger effektiv, wenn es keinen Spaß macht. Sprachen lernen ist nicht mit Vokabelpauken gleichzusetzen. Es bedeutet, sich über eine gelungene Unterhaltung zu freuen, aus Fehlern zu lernen und Offenheit gegenüber Neuem zu entwickeln.

Wir wünschen Ihnen viel Spaß dabei.

Literaturverzeichnis

Literaturempfehlungen

Murphy, R. (2012). *English Grammar in Use*. Cambridge.

Osborn, A. und J. Schofield (2011). *Collins English for Business. Speaking*. Glasgow.

Redman, S. (2011). *English Vocabulary in Use*. Cambridge.

Smith, D. G. (2013). *English for Telephoning*. Berlin.

Tomalin, B. (2012). *Key Business Skills*. London.

Turner, R. (2013). *English for Emails*. Berlin.

Links zum Thema

Allgemein

Videos zum Englisch lernen

www.simpleenglishvideos.com

Übersetzungswebseiten

http://dict.leo.org

www.linguee.de

Einsprachige Wörterbücher (mit Aussprache)

www.learnersdictionary.com (Amerikanisches Englisch)

www.oxfordlearnersdictionaries.com (Britisches Englisch)

http://dictionary.cambridge.org/dictionary/learner-english/
(sowohl die amerikanische als auch die britische Aussprache)

http://www.urbandictionary.com (Informationen zu neuen Wörtern / Akronymen, die (noch) nicht in reguläre Wörterbücher aufgenommen worden sind.)

Zu „Kontakt aufnehmen"

Telefonieren

www.bbc.co.uk/worldservice/learningenglish/business/talking-business/unit1telephone/1connecting.shtml

www.tolingo.com/sites/en/service/business-english/telephoning-1

www.youtube.com/watch?v=_CISlIOeJ8Q

E-Mail

www.youtube.com/watch?v=yDkLzoRS_PU

www.tolingo.com/sites/en/service/business-english

Soziale Medien

www.englishteachermelanie.com/social-media-vocabulary-explained

www.socialmediatoday.com/content/top-25-social-media-terms-you-need-know

Persönlich vor Ort

www.youtube.com/watch?v=niiaToXzsdY

http://english.entangled.com/polite-ways-to-greet-someone/

www.youtube.com/watch?v=NeEJhWo_gqA

http://dictionary.cambridge.org/us/grammar/british-grammar/invitations

http://www.bbc.co.uk/worldservice/learningenglish/radio/specials/142_requests_offers/page3.shtml

Zu „Gespräche führen"

Berufsbezeichnungen

www.muenchen.ihk.de/de/bildung/Anhaenge/Berufsbezeich-
nungen-Deutsch-Englisch.pdf

https://www.darmstadt.ihk.de/produktmarken/aus_und_wei-
terbildung_channel/ausbildung_channel/Anlagen_Artikel/
englische-berufsbezeichnungen/2535860

http://www.bewerben.com/content/berufsbezeichnungen

Präsentieren

www.tolingo.com/sites/de/ratgeber/business-englisch/
praesentation-phrasen

http://englisch-lernen-online.net/konversation/praesentieren/

www.staufenbiel.de/ratgeber-service/karriereplanung/busi-
ness-englisch/erfolgreich-auf-englisch-praesentieren/die-
wichtigsten-redewendungen.html

Job Interviews

www.youtube.com/watch?v=NRiaznQevTA

www.youtube.com/watch?v=JEJlzFftb44

http://learnenglish.britishcouncil.org/en/professionals-pod-
casts/advice-writing-cvs

http://learnenglish.britishcouncil.org/en/youre-hired/episode-9

http://learnenglish.britishcouncil.org/en/business-magazine/
introduction-competencies

Zu „Alltagsaufgaben erledigen"

Informationen über Zahlen

https://www.mathsisfun.com/

Hilfe anbieten, annehmen und ablehnen

www.esolcourses.com/uk-english/beginners-course/unit-1/
personal-information/useful-english-phrases.html

www.tolearnenglish.com/exercises/exercise-english-2/exercise-
english-75566.php

Zu „Probleme lösen"

http://esol.britishcouncil.org/content/learners/english-work/
cleaners/problems-work

https://en.islcollective.com/resources/printables/worksheets_
doc_docx/dealing_with_problems_at_work/language-
functions-apologize/9387

www.bbc.co.uk/worldservice/learningenglish/radio/specials/
1331_howto_feedback/page2.shtml

Stichwortverzeichnis

Zu den Autorinnen

Anne Wegner (o.) und Lesley-Anne Weiling (u.) widmen sich der sprachlichen und kommunikativen Unterstützung derer, die auf internationalem Parkett erfolgreich sein möchten. Ihre Erfahrungen aus der Geschäftswelt in England und Deutschland helfen ihnen, zielgerichtete und sehr pragmatische Workshops und Kurse anzubieten. Zu ihren Auftraggebern gehören namhafte Institutionen.

Sie glauben fest daran, dass Englisch als eine globale Sprache betrachtet werden sollte. Es geht den Autorinnen in erster Linie darum, dass man in der Fremdsprache verstanden wird und nicht darum, dass man ein muttersprachliches Niveau erreichen muss. Dies ist im Englischen viel einfacher, als viele glauben! Frau Wegner und Frau Weiling, beide Englisch-Muttersprachlerinnen, wollen ihren Beitrag dazu leisten. Ihre Inhalte möchten sie mit viel Freude vermitteln. Denn nur wer gut gelaunt ist, kann eine Sprache lernen!

Kontaktadresse
Homepage: www.write-english.de
E-Mail: info@write-english.de